天下文化
BELIEVE IN READING

科學文化　193

稀有金屬戰爭

LA GUERRE DES MÉTAUX RARES

La face cachée de la transition énergétique et numérique

by Guillaume Pitron

皮特龍／著　　蔡宗樺／譯

稀有金屬戰爭

LA GUERRE DES MÉTAUX RARES
La face cachée de la transition énergétique et numérique

致父親，
致母親。

人生有兩個悲劇。

一個是得不到自己想要的，

一個是得到了。

—— 蕭伯納（George Bernard Shaw）

序

一個矛盾的難題

魏德林（Hubert Védrine）
曾任法國總統府秘書長、外交部長

在這部鏗鏘有力、令人心生憂慮之情的書籍中，皮特龍發出警訊，並揭示一個嚴重的難題。

這是地緣政治方面的警訊：由於數位發展、接續而來的資訊與通訊科技進展、為了製造手機等原因，全世界愈來愈需要稀土金屬及稀有金屬。電動車與油電混合車對這些資源的需求，是汽油車的兩倍。

這些稀有金屬的名稱，並非源自蠻夷之地，而是從拉丁文而來，例如鉕（prométhium）。稀有金屬共三十多種，它們與含量豐富的金屬相結合，所占比例微乎其微，然而開採與提煉所費不貲。第一個警訊是：中國擁有大部分的稀有金屬，且很自然的想要濫用這些資源。地底擁有稀有金屬的其他國家，基於不同的原

因，放棄或忽略了稀有金屬的開採，讓中國在許多案例中，具有獨占的地位，使北京成為「新的稀有金屬之王」。為了強調依賴中國的風險，皮特龍在書中引述許多西方國家前後不一致或明顯輕率的例子，例如超強磁鐵或長程飛彈科技的發展。答案似乎顯而易見：應當在中國以外的各地，重啟稀有金屬的生產，無論是在美國、巴西、俄羅斯、南非、泰國、土耳其，或甚至在法國（所謂「沉睡的礦業大國」）。

　　但就是這點，使情況變得很複雜，且衍生一個嚴重的難題：開採這些稀有礦石一點也不乾淨！皮特龍強調：「綠色能源與資源，存在部分陰暗面。」事實上，開採與提煉稀有金屬需要採取高度汙染的方法，而稀有金屬的回收結果也令人失望。因此，矛盾的是，全球科技愈先進，且希望科技愈乾淨、愈環保（這對於阻止生態末日倒數計時，至關重要），本身卻大部分依賴「骯髒」的金屬。資訊與通訊科技業產生的溫室效應氣體，因而比航空業高出 50％！真是惡性循環！

　　因此，該如何解決這樣的矛盾呢？

　　當然應該重啟其他國家的稀土及更廣泛的礦物資源開採（此舉也重啟政府與礦業團體之間的角力），但也必須採用環保方法，並提供經濟與科技支援，意即補助與技術革新。皮特龍認為，全世界有愈來愈多的消費者將準備好，為此付出代價。

　　論證到此，皮特龍仍希望以令人振奮的要點總結：他提出一些「稀有金屬產業良心乍現」的例子。

在為了不僅僅是保護「地球」、而是要保護地球上的生物，以及保障所有不可或缺的人類經濟活動須朝環保邁進的情境下，未來仍將有數百個像這樣的情況、需要解決的難題、必須做的艱難決定、須達成的科學進展、須重申或可說服人的意見，以便最終依然能加快環保的步調。這可是一場賽跑！

皮特龍的這本書，讓我們注意到一項很重要、卻思考得不夠多的議題，並在最恰當的時刻對我們提出警訊。

2017 年 11 月

引言

稀有金屬世紀

從資源爭奪戰的角度來看，

十九世紀是「煤炭世紀」，

二十世紀是「石油世紀」，

二十一世紀則是「稀有金屬世紀」。

　　過去四十萬年的絕大部分時間，人類只有火、風和水流的動力，憑仗工作的熱情、馬匹的勤力，用來旅居各處、興建要塞、耕種田地。在這個能源稀少又珍貴的世界裡，變動的速度十分緩慢，經濟成長常處於休眠狀態，所有的進步必然相當特別。歷史的進展經常是被動的。

　　接著，到了十九世紀，人類大規模利用一項發明：蒸汽機。人類用蒸汽機提供紡織機動能、推動火車、推動船艦，使裝甲船艦不久後稱霸海上。蒸汽機造成第一次工業革命，同時也是歷史上第一次能源轉型。這次轉型，奠基於一項不可或缺的燃料的開採：一種稱為煤炭的黑色礦石。

　　二十世紀時，人類拋棄了蒸汽機，轉向另一項發明：內燃機（即汽油引擎或柴油引擎）。這項科技提升了汽車、船隻與新機器的動力，飛機就此擁有足夠動能，可飛上天。此新科技所促成的第二次工業革命，同時也是第二次能源轉型。此次轉型奠基於開採另一項資源：礦石裡的油（石油）。

　　二十一世紀初以來，人類因擔心化石能源引發的氣候變遷，而研發了一些新發明，這些新發明以更具效率、更乾淨、且和超強力高壓網絡連結而聞名：風力發電機、太陽能面板、電池組。在蒸汽機與熱引擎之後，這些「綠色」科技使人類進入正在改變世界的第三次能源及工業革命。和前兩次革命一樣，這次革命仰賴著一種至關重要的資源。這項物質的重要性，使能源學家、科技預言家、各國元首，甚至軍事戰略家都稱它為「下一種石油」

或「二十一世紀的石油」。

　　這種至關重要的資源是什麼呢？

　　社會大眾真是一點概念都沒有。

 ## 綠色資本主義

　　改變能源的生產方式（以及消費習慣），是人類偉大的新冒險。政府官員、矽谷企業家、倡導快樂節制[1]的理論家、教宗方濟各與環保團體，都同聲呼籲完成這項計畫，以抑制氣候暖化、讓我們免於受到大洪水威脅。這項計畫使全世界團結一致，是過去任何帝國、宗教、貨幣所無法做到的。[2]證據在此：根據法國前總統歐蘭德（François Hollande）所言，「人類歷史上第一項普遍性協議」[3]並非和平、商業或與金融規範有關的協議，而是2015年聯合國氣候變遷峰會（COP 21）[4]簽訂的〈巴黎協定〉，亦即一項能源協議。

　　然而，即使我們日常生活使用的科技能夠不斷進步，對能源的基本需求依舊存在。但是，在被問到要以何種資源取代石油和煤炭，以迎向更環保的新世界，卻沒人真的瞭解答案為何。我們十九世紀的祖先知道煤炭的重要性，二十世紀可敬的人們明瞭石油的必要性。而在二十一世紀，我們甚至不知道永續的世界相當大程度上，仰賴稱為稀有金屬的礦石物質。

　　人類長期以來已開採一些廣為人知的主要金屬：鐵、金、

銀、銅、鉛、鋁等等。但是自從 1970 年代起，人類開始利用一些具磁力、具催化作用、或具光學特性的種類眾多的微小稀有金屬，這些稀有金屬位於陸地岩石內，比例相當稀少。這個龐大家族的成員擁有一些難以理解的名稱：稀土、釩、鍺、鉑系、鎢、銻、鈹、錸、鉭、鈮等。這些稀有金屬形成一個「具一致性、共有三十多種原料」的分支，共同點為常在大自然中與數量最充足的金屬有所關聯。

　　就像所有取自大自然、數量微小的物質一樣，稀有金屬是擁有神奇特質的濃縮物。提煉橙花精油的過程冗長乏味，[5] 但這個靈藥一小滴的香氣與療效，仍使研究人員大為驚奇。在哥倫比亞叢林深處生產古柯鹼，可不是輕鬆的工作，[6] 但一克粉末所具有影響精神的效力，能完全擾亂中樞神經系統。

　　然而，非常罕見的稀有金屬情況相同。要生產一公斤的釩，必須從八噸半的礦石中精煉，一公斤的鍺需十六噸礦石，一公斤的鎵需五十噸礦石，一公斤更稀有的金屬鎦，需要驚人的一千兩百噸礦石[7]（參閱〈附錄 1：元素週期表〉）。這某種程度上是地殼的「活性成分」：一種具有驚人特質的微小濃縮物，是數十億年地質活動能給予我們最好的禮物。

　　這些金屬的微小分量一旦工業化之後，產生的磁場能夠比同樣數量的煤炭或石油，製造更多能量。這就是「綠色資本主義」的關鍵：我們以不會燃燒的其他物質，取代排放數十億噸二氧化碳的物質，因而排放較少的二氧化碳。

汙染更少了，但是同時產生相當多的能量。因此，美國化學家科耶爾（Charles Coryell）於 1940 年代發現一種新物質，[8] 稱之為鉕（promethium），就不只是巧合了：科耶爾的妻子瑪莉，向她先生建議 promethium 這個名稱，靈感源自希臘神話的普羅米修斯（Prométhée）——在女神雅典娜幫助下，泰坦巨人普羅米修斯偷偷進入眾神國度奧林帕斯山，偷取神聖之火，並把火種給予人類。

這個名稱在在顯示：人類透澈瞭解稀有金屬時，可獲得的力量。如今，我們已將如造物主的物質，廣泛運用於能源轉型重要支柱的兩大領域：所謂的「綠色」科技以及數位科技。因此，我們今日被告知，綠色科技與資訊科技的交集，將誕生出更美好的世界。

綠色科技（風力發電機、太陽能面板、電動車）充滿稀有金屬，這些金屬使其得以生產無碳的能量，經由「超強力」電網運輸，可節約能量。這些電網是由數位科技操控，而數位科技也處處是稀有金屬（參閱〈附錄 11：稀有礦物的主要工業用途〉）。

 ## 能源科技與數位科技齊步並進

美國著名理論家里夫金（Jeremy Rifkin）專門研究這種能源轉型及隨之而來的第三次工業革命，他提出了更進一步的理論。[9]里夫金的著作表示，綠色科技與資通訊新科技的交會，已使每個

人得以製造及分享自己「環保」的電力，電量充足且價廉。換句話說，我們日常生活中使用的手機、平板電腦、筆記型電腦與桌上型電腦，在更注重環保的經濟模式中，已經成為不可或缺的一部分。里夫金振奮人心的預言，使他現在擔任諸多國家元首的顧問，且對法國上法蘭西大區（Hauts-de-France）新能源模式的計畫提出建議。[10]

這樣的預言符合歷史潮流：十年內，風力能源已增為七倍，太陽能光電增為四十四倍。可再生能源已占全世界所有消耗能源的 19%，[11] 而歐洲預計在 2030 年之前，將境內利用可再生能源比例提升至 27%。

即使是利用熱引擎的科技，也需要這些稀有金屬，因為有助於建造更輕巧、動力更強勁的汽車與飛機，也消耗更少的化石燃料。

軍方也已完成能源轉型，或者該說是戰略轉型。過去，我們或許不認為軍方將領會為軍火排碳問題擔憂；然而，由於石油存量下降，軍事戰略家應該預想到戰爭時無石油可用的一天。2010年，美國一個重要的智庫，已要求美軍須確保在 2040 年以前，不再仰賴化石燃料。[12] 該如何辦到？主要利用可再生能源，以及發展用電力運作的機器人軍隊。這些可遙控、利用可再生能源發電廠充電的武器，摧毀能力可望升級，且能解決運送燃料至前線的難題。[13]

此外，戰爭已跨入新領域：虛擬世界。藉由攻擊敵人的數位

設施與破壞電訊網絡，未來的戰爭光靠網路，軍隊就能獲勝。[14]

我們跟隨軍方的步伐，也朝著「去物質化」的世界邁進，在利用數位科技的同時，我們用以取代某些資源的，正是那些不需要信紙的電子郵件、無法實質觸摸的雲端、不太會塞車的網路傳輸。這樣的經濟數位化，將大幅減少人類影響生物的生態足跡，且成效驚人，我們因此需要同時面對能源革命與數位革命：這兩種科技將齊步向前進，為我們塑造更美好的世界。

 ## 地緣政治的新賽局

稀有金屬甚至改變國際關係，使外交官得以轉移地緣政治關係。地緣政治學家表示，非碳新能源的比例上升，將翻轉化石能源生產國與消費國的關係：全球相當高比例的石油運輸，須通過荷莫茲海峽與麻六甲海峽，未來美國能將今日在這兩個海峽航行的艦隊，派遣至其他場域，也得以重新檢視與波斯灣石油君主國的夥伴關係；另外，非碳新能源使歐盟降低對俄羅斯、卡達、沙烏地阿拉伯的碳氫化合物的依賴，同樣強化了歐盟會員國的能源主權。

由於上述原因，能源轉型宣稱是一次樂觀的轉型。雖然實行能源轉型並非簡單之事，石油與煤炭的時代也還未完全結束，但即將來臨的世界讓我們感到振奮。對舊能源的節制，肯定會降低與「化石燃料的分配與使用」有關的緊張情勢，並在卓越的工業

部門製造環保就業機會，[15] 讓西方國家在競爭力的艱難戰役中重整旗鼓。

無論美國總統川普怎麼想，[16] 這次轉型是無可避免的，因為能源轉型已成為龐大的生意，吸引所有的經濟參與者，包括石油集團。

能源轉型的前兆，可追溯至 1980 年代的德國，[17] 不過是在 2015 年的巴黎，一百九十五個國家才一致同意加速這項驚人的冒險。目標是：在二十一世紀結束之前，將氣候暖化提高的溫度控制在 2 度內，主要靠著以綠色能源來取代化石能源。

 警世良言

正當各國代表即將簽署〈巴黎協定〉時，一名滿臉鬍鬚、有淡藍色眼睛的年長智者，穿著如同剛下山的旅人，進入了巴黎勒布爾歇（Le Bourget）會展中心的大廳。嘴角一抹神祕的微笑，年長智者穿過各國元首的人群，走到講臺上，用低沉理性的聲音說道：「各位的意圖令人欣喜，各位正在催生的新世界，足夠使所有人開心。但是你們也毫不懷疑，這樣的大膽會讓你們面臨到巨大的危險！」

全場一陣靜默。

年長智者接著轉向西方國家代表：「這次轉型將傷害你們所有最具戰略性的經濟體系，使成千上萬的被資遣者陷入焦慮，他

們不久之後將引發社會動亂，責怪你們的民主體制。這次轉型甚至會削弱你們的軍事主權。」年長智者接著向所有出席者表示：「能源轉型與數位轉型，將以無與倫比的比例破壞環境。最終，為了建立這個新文明，你們所付出的努力和對地球的需索如此龐大，甚至無法確定你們是否能夠成功。」年長智者以一段神祕的訊息總結：「你們的強大力量使你們盲目，你們甚至不再明瞭水手面對海洋、登山者在山腳下的謙遜心情。事實上，最終的仲裁一直是大自然的力量！」

當然，這個年長智者只是故事書中的人物，他從來沒有登上 2015 年聯合國氣候變遷峰會的講臺，之後也沒有搭乘快鐵 B 線回去他的隱居地。然而這一天，出現在勒布爾歇的一百九十六個代表團[18]簽署了〈巴黎協定〉，並開始執行這項堪比海克力士（Hercule）的第十三項偉業，但卻從未提出下列重大問題：[19]

▷▷ 若沒有稀有金屬，這項協定將毫無用處，我們要從哪裡以及如何取得這些金屬？

▷▷ 在稀有金屬的新賽局中，是否有贏家和輸家，就像之前的煤炭時代和石油時代一樣？

▷▷ 我們為了確保稀有金屬的供應無虞，會使我們的經濟、環境、全人類付出怎樣的代價？

暗黑版的能源與數位轉型故事

過去六年來，我和我的研究團隊在數十個國家，調查這些已深刻改變世界的罕見新物質。為了調查，我們必須造訪熱帶亞洲的礦坑、在法國國民議會走廊豎耳傾聽議員的低語、搭乘雙引擎飛機飛越加州沙漠、在非洲南部一個部落女王面前鞠躬、前往內蒙古的「癌症村」，以及查閱塵封已久、存放在倫敦神聖機構中的古老手稿。

在四大洲，許多男女在晦暗隱密的世界裡行動，稀有金屬向我們訴說了另一個版本的能源與數位轉型故事——更加黑暗的能源與數位轉型故事：這些新物質在化石燃料附近突然出現，對人類和地球的助益並不如預期那樣，會誕生一個理當更環保、更友愛、更有遠見的世界。遠非如此！

英國憑藉在全球各地生產煤炭的優勢，稱霸了十九世紀；二十世紀大多數事件，則可透過美國與沙烏地阿拉伯在生產及保衛石油運輸所獲得的影響力，來加以解讀；而在二十一世紀，有一個國家正在建立稀有金屬出口與消費的優勢地位。這個國家就是中國。

我將提出有關經濟及工業層面的第一點分析：西方國家進行能源轉型之際，卻將自己送入中國龍口。中國現今擁有眾多稀有金屬生產的領導地位，甚至幾近獨占地位，這些稀有金屬對能源轉型的兩大支柱——低碳能量與數位資訊而言，不可或缺。在

我們之後將提到的特別情況下，中國甚至成為最具戰略性稀有金屬的唯一供應者。這些戰略性稀有金屬稱為「稀土金屬」，共有十七種，非常難以替代，[20] 大多數的廠商都無法缺少這些稀土資源（參閱〈附錄 12：稀土金屬的主要工業用途〉）。

與此同時，西方國家將自身綠色科技和數位科技的命運（一言以蔽之，自身未來產業的精華），交付到唯一國家的手中。藉著限制資源的出口，中國培植自家科技的成長，且強化和全世界其他國家的經濟對抗，最終對巴黎、紐約或東京造成嚴重的經濟和社會影響。

我也會提出關於環保層面的第二點分析：世界各國追求更環保的成長模式，反而使人類密集開發地殼，以擷取活性成分，亦即稀有金屬，這對環境造成的影響竟比開採石油還嚴重。為了支持能源模式的轉變，大約每十五年就需要加倍的稀有金屬產量，這是全球在接下來三十年必須開採的礦物量竟比人類過去七萬年更多的原因之一。但漸漸發生的匱乏情況，可能會使里夫金、綠色科技業者和教宗方濟各的夢想幻滅，同時證實之前寓言故事中的年長智者之言。

我的第三點分析在於軍事與地緣政治方面：西方國家的軍隊能持續擁有最精密的設備（機器人、網路武器、戰鬥機，例如美軍明星戰鬥機 F35），也同樣部分須仰賴中國的善意。這點使美國情報單位高層感到憂慮，而川普總統的幕僚曾預言，美國與中國在南海「毫無疑問」將發生戰爭。[21]

此外，這個新出現的地球礦產資源搶奪行為，已凸顯了占用最豐富礦藏而衍生的壓力，且為我們原本以為不受貪婪控制的庇護地，帶來領土紛爭。

未來世界的反歷史現象

全球人口將於 2030 年達到八十五億、[22] 高科技消費的新模式增加、西方國家與發展中國家的經濟融合更強勁，都促使人類對稀有金屬的渴求上升。

我們想要不受化石燃料的束縛，試圖推翻舊有秩序，迎向新世界，事實上卻造成更強大的新依賴性。機器人學、人工智慧、數位醫院、網路安全、醫療生技、聯網物品、奈米電子學、無人駕駛車……這些所有未來經濟最具戰略價值的部分，所有可激增我們計算能力的科技，甚至是能源消費方式、任何日常行動，都將變得完全依賴稀有金屬。這些稀有資源將成為二十一世紀可確實感受到的、有形的基礎。

然而這樣的成癮，已經描繪出任何預言家都未曾預測過的未來。我們以為可擺脫貪求石油與煤炭所造成的匱乏、緊張情勢和危機；我們用以取代的，卻是一個出現前所未有的匱乏、緊張情勢和危機的新世界。

從茶葉到石油、從肉豆蔻到鬱金香、從硝石到煤炭，原物料總是伴隨著大探險、帝國與戰爭，且常常擾動歷史的進程。[23] 現

在正輪到稀有金屬來改變世界。稀有金屬不僅僅汙染環境，也使全球經濟和安全平衡面臨險境。稀有金屬已強化了中國於二十一世紀的新權力，且加速了西方國家於千禧年間開始的逐漸衰弱。

　　然而，西方國家在這場稀有金屬戰爭中，還沒有落敗；中國已犯下一些錯誤，西方國家能夠回擊。而我們還未料想到的科技進展，肯定會改變我們製造財富與能源的方式。

　　與此同時，這本書想描述的是未來世界的反歷史現象、「給了過多承諾的科技探險之旅」的祕密故事、以及深具善意與雄心的探索行動的內幕——這個探索到目前為止所帶來的危機，跟它想要解決的危機一樣龐大。

第 1 章

稀有金屬的詛咒

開採稀有金屬造成的汙染，

並不僅限於中國，

而是牽連所有生產國。

「你們為什麼來這裡？這裡不是你們該來的地方！」一個四十多歲的男人，將黑色奧迪轎車停在我們面前，用懷疑的眼神瞪著我們。

接著他的一名同夥出現，然後又一名機車騎士。「你們必須離開，這裡很危險！我們不想要惹麻煩！」三個男人開始展現兇惡的態度，緊張情勢升高。駕駛黑色奧迪轎車的男人大喊：「滾開！」他發現我們試圖爭取時間。從爭執一開始，我們頻頻看向丘陵上難以到達的山頂。

替我們帶路的前礦工王京（音譯）低聲說道：「這裡還有人在活動，我以為這些礦場早就關閉了！」

我們看見四散的器具和狀態良好的排水管，證實了我們的疑問。兩百公尺外就是山頂，俯瞰著濾水池和被鑿開的起伏丘陵。這個營地絕對藏著提煉稀有金屬的活動。這些稀有金屬礦物的開採地點在哪裡？

王京很肯定的說：「就在圍繞著我們的礦坑，還有丘陵對面山坡上綿延不斷的巨大原始礦場。」

兩天前（2016 年 7 月），我們抵達贛州的小機場，贛州是江西省的設區市（下轄三個市轄區、十四個縣、一個縣級市、二個功能區），位於北京南方一千七百公里。我們接著開車南下數小時前往礦區，從公路進入一條老舊的道路，兩旁都是水稻梯田。接著在斷斷續續的柏油路上開了幾十公里，繞過人力車、載滿瓦礫的拖車、帶著草帽（傳統尖頭帽）的女人。在南康區的山麓上，有一

整片蓮花池和棕櫚樹森林，這是個富庶肥沃的有機國度，沿著枝枒直達藍天。

這裡尤其是世界上最重要的稀有金屬開採區之一。

 ## 稀有金屬的定義

就原物料而言，大自然有時慷慨得令人驚訝，有時又非常吝嗇。在較常見的樹木如白楊和松樹之外，有些樹木較為罕見，例如馬達加斯加的薔薇木或莫三比克的烏木。鬱金香遍布荷蘭的花田，但其他花卉，如荷蘭的蝴蝶蘭，在花卉攤位卻數量稀少。許多種鳥類四處可見，如提供西歐獵人晚間娛樂的綠頭鴨，但也有更不引人矚目的鳥類，例如諾曼第的天鵝。

同樣的，地球上擁有數量豐富的金屬，如鐵、銅、鋅、鋁、鉛，但也有包含三十多種稀有金屬的家族同時存在。[1] 美國內政部底下的政府機構「美國地質調查局」（USGS）與歐盟執委會提供我們數份清單，[2] 這些金屬的名稱讓我們覺得自己是文盲：輕稀土或重稀土、鍺、鎢、銻、鈮、鈹、鎵、鈷、釩、鉭⋯⋯。這些稀有金屬擁有以下的共同點：[3]

▸▸ 這些稀有金屬和數量豐富的金屬有關（舉例來說，鎵是鋁的副產品；硒與碲和銅有關；銦與鍺是鋅的副產品），兩者在地殼中混合在一起，但稀有金屬常常比例極小。例如：土壤平均蘊含的鐵量為釹的一千兩百倍、鎵的兩千六百五十倍。

▶▶ 當然，市場感受到這樣的影響。稀有金屬的年產量微小，不是主要媒體關注的焦點：稀土年產量約十六萬噸，而鐵為二十億噸，是稀土的一萬五千倍。鎵的情況類似，年產量為六百噸，而銅的年產量為一千五百萬噸，是鎵的兩萬五千倍（參閱〈附錄13：歐盟執委會的關鍵原物料清單〉）。

▶▶ 因此，這些稀有金屬價格高昂：一公斤的鎵，價值約一百五十美元，是鐵的近九千倍，而鍺的價格又是鎵的十倍！

▶▶ 最後，這些金屬擁有的特性使嶄新科技的業者著迷，特別是努力限制人類對環境留下碳足跡的「綠色」科技。

 ## 稀有金屬是新能源的關鍵元素

一直以來，人類社會不斷希望將諸多大自然的能源（風力、熱能、太陽能）轉化為機械能。

因此，風車這種器具即是利用風力啟動葉片、風輪，後頭連接著壓碎橄欖或穀物的磨石。蒸汽機是能夠發動火車頭的引擎，利用水蒸氣形成的熱能，藉由活塞轉化為機械能。在內燃機中，則是再一次由燃燒石油產生的熱能，啟動活塞以及汽車。

事實上，我們製造能夠進行機械運動的機器，已長達數個世紀。[4] 我們愈增加機械運動的可能性，愈能夠快速移動和交易、將新任務交給機器和其他機器人、提高生產率，以及賺很多錢。

為了確保機器運作良好，必須提供機器充足且便宜的能源。要增加賭注，我們才能滿足經濟成長的目標。因此近三個世紀以來，我們不斷製造出尺寸—力量—價格的關係愈來愈出色的新機器：愈來愈輕巧、愈來愈節省能源，同時產生愈來愈多的機械能。

　　這時，就輪到稀有金屬登場了。礦物學家從十八世紀就知道這些元素的存在，但沒有人對大部分的稀有金屬感興趣，因為尚未發現它們的工業用途。不過，自 1970 年代開始，人類開始利用若干稀有金屬的特別磁性（如鐠和釹），用於製造超強磁鐵。

　　當電荷進入磁鐵的磁場，將產生可製造機械運動的力量。最小的磁鐵只有別針頭的大小；人類所製造最大的電磁鐵，有四公尺高、重一百三十二噸，位於法國艾松省薩克雷（Saclay）鎮的原子能委員會。[5] 無論是極小或巨大，這些磁鐵如今用來驅動大多數的電動馬達，就如同之前的蒸汽機與汽油引擎的活塞。這些磁鐵可製造數十億個大大小小的發動機，在日常生活中替人類不停重複某些動作，例如轉動電動腳踏車、推動大量的火車頭、使電動牙刷或手機震動、啟動轎車的電動車窗、或推升電梯至摩天大樓的最高樓層。

　　事實上，我們的社會在不知不覺中完全被磁化，如果沒有內含稀有金屬的磁鐵，世界將大幅變慢，這個說法並不誇張。[6] 下次你把玩所蒐集到的、貼在冰箱上的彩色磁鐵時，可以好好思考這一點！

　　電動馬達不只讓人類無止盡的更加富足，還使「能源轉型」

成為可能實現的夢想。多虧電動馬達，我們發現能夠在完全不依賴煤炭和石油的情況下，製造最大量的動能與財富。

電動馬達不久之後將取代所有傳統引擎，這一點也不令人驚訝。我們已利用電動馬達來推進船艦、讓太陽能飛機「陽光動力號」（Solar Impulse）環遊世界、拋射太空探測器及人造衛星、使顛覆車輛市場的許多新汽車運行。[7]

當然，這些電動馬達的動能來自電池，電池提供所需電流，以啟動磁鐵運作。不過，稀有金屬能夠使生產的電更為乾淨：它們使若干風機的葉片轉動，[8] 且透過光電板將陽光轉化為電流。[9]因為稀有金屬能去除「從能源製造端到最終消費端的能源週期」裡大部分的汙染，使人類得以期待一個沒有核電廠、煤炭或燃油的新世界。

而這只是開頭而已，[10] 因為稀有金屬同樣擁有許多化學、催化性、光學特質，對無數的環保科技而言不可或缺。詳細說明這些特性需要一整本書籍的空間。我們需要記得的是，這些金屬能夠將汽車排出的氣體留在觸媒轉化器中、點亮更省電的 LED 電燈、製造出更輕巧且更強勁的新工業材料，以及改善汽車與飛機的能源效率。

兩千年前，希伯來人因為擁有了嗎哪（一種天上降下的天賜食物）而能夠穿越西奈沙漠；今日，另一項地底下的豐饒之物，已送到我們環保饗宴的桌上。每個環保的應用方法都含有稀有金屬，可以肯定的是，有個善良的仙女正在眷顧我們。

　　最令人驚訝的是，這些稀有金屬對資訊與通訊新科技而言，同樣不可或缺，因為稀有金屬的半導體特性能夠調節在數位儀器中傳導的電流。因此，過去用於不同功能的環保科技，與數位科技正在融合——愈來愈精密的軟體和演算法得以在智慧網絡內，調節製造者與消費者之間的能源流動。這就是智慧電表 Linky 與智慧瓦斯表 Gazpar 的優勢所在，愈來愈多的家戶已配備這些智慧儀表。在未來的智慧都市裡，藉由在路上加裝感應器，可依人行道上有無行人，來調整路燈明暗，我們將可省下高達 65% 的街道照明電力；同樣的，氣象預報軟體也能夠將太陽能光電板的效能，提高 30%。

　　因此，這兩種轉型皆需要彼此[11]——數位科技伴隨著綠色科技，並使綠色科技的效果倍增。這樣的交融開啟了能源充足的年代，促進了新產業的發展，而且已經在全世界創造一千萬個就業機會。[12] 這就是我們所謂的良機，而我們的政府首長明瞭這點：為了促進這些新市場的發展，歐盟已要求會員國在 2030 年前，將二氧化碳排放量比 1990 年減少 40%，且將可再生能源占總消耗能源的比例提高至 27%。在如此正確的道路上，有什麼理由要停下來呢？法國非政府組織 négaWatt 表示：「到了 2050 年，完全以可再生能源來因應法國所有能源需求」甚至是可能的。[13] 就連美國民主黨眾議員歐加修－寇蒂茲（Alexandria Ocasio-Cortez）都於 2019 年，在她提倡的「綠色新政」（Green New Deal）法案中，為相同目標辯護。[14]

加速消費稀有金屬

科技發明的多元化，導致金屬開採種類倍增。人類在古代到文藝復興期間，只利用到七種金屬（金、銅、鉛、銀、錫、汞、鐵），二十世紀時開始利用十多種金屬，從 1970 年代起是二十多種，現在則將「門得列夫元素週期表」（參閱〈附錄 1：元素週期表〉）的八十六種金屬，幾乎都開採了。

各種金屬的消費可說是爆炸性成長，而這只是開端而已。一方面，全世界所利用三大傳統能源（煤炭、石油、天然氣）的消費已呈現穩定或降低，或者是遞增的趨勢減緩了。[15] 另一方面，稀有金屬需求成長的未來可期。我們每年已消費超過二十億噸的各種金屬，即每日超過五百座艾菲爾鐵塔 [16]（參閱〈附錄 2：全球金屬產量的演變〉）。然而有研究預測，到了 2035 年，鍺的需求將加倍，錸與鉭的需求增為四倍，鈀的需求增為五倍，銪的市場可能增為九倍，而鈷可能增為二十四倍。[17] 簡單來說，將會造成搶購。資本主義要再度迸發的彈力，目前已奠基於環保科技與數位科技的萌發。資本主義對前兩次工業革命燃料的依賴，將愈來愈少，對即將來臨的能源轉型，將愈來愈依賴稀有金屬。

美國地質調查局與歐盟執委會負責原物料的單位，描繪了一張全世界稀有金屬產區的地圖。根據地圖，南非是鉑（白金）與銠的重要生產國、俄羅斯生產鈀、美國為鈹、巴西為鈮、土耳其為硼酸鹽（硼是「類金屬」）、盧安達為鉭、剛果民主共和國為

鈷⋯⋯。然而，大部分的稀有金屬都來自中國礦場，例如銻、鍺、銦、鎵、鉍、鎢，特別是「環保金屬之王」稀土金屬，因其電磁性、光學性、催化性、化學性的驚人特質，在效能上超越其他金屬而聞名。稀土金屬大家族有十七種名稱同樣奇特的元素：鈧、釔、鑭、鈰、鐠、釹、鉕、銪、釓、鋱、鏑、鈥、鉺、銩、鐿、鎦、釔（參閱〈附錄 3：關鍵原物料主要生產國地圖〉）。

稀土、黑市與環保浩劫

就在中國熱帶區中心的江西深處，開採的稀土最為大量。

王京比任何人都清楚。在贛州南康區唐江鎮的星光村，我們和這位二十四歲、有著娃娃臉、微笑的眼睛和豐盈秀髮的年輕男子見面。他對這裡的山脈熟門熟路，為我們帶路幾乎沒有問題。事實上，王京曾經在隱藏於尤加利樹背景裡的這座祕密礦場工作數年。王京向我們敘述，他如何和數百位滿臉烏黑的男人及女人一起鑿開淡紅色的岩石層，壓碎龐大的粗石。

每天二十四小時，每週七天，山丘裡的人就像蟻穴中的螞蟻般繁忙。每月工資數百歐元的礦工，甚至睡在尖鋤和鏟土機不斷開挖的地板上。在如此瘋狂的節奏下，從這些山脈中開採出數十萬噸的礦物。但是兩年前，中國當局禁止這些野蠻的活動了，非法礦工遭嚴重罰款，預計運往外國市場的金屬庫存，全部在南方數百公里的廣州港遭到扣押，數十名走私客被送入牢裡。

　　儘管如此，若干狂熱份子仍隱身在地下最難進入的坑洞中，據說因為當地警方的縱容，他們偷偷變得發達。這樣一來，他們供應著中國龐大的礦物黑市，這些礦石一旦轉化後，將出口至全世界。

　　我們剛剛看到的就是這樣的計謀，這三名非法人士也知道。機車騎士再度威脅我們，我們最好遠離山頂，我們將無法目睹到這趟行程要尋找的：開發稀土產生巨大汙染的證據。

　　王京很肯定的說：「這是毒藥。礦石一旦提煉後，化學廢棄物就直接倒入土地中。」他繼續說道，硫酸與鹽酸汙染了附近的水流，以致於「再也沒有任何植物能夠生長。由於雅溪山區遠離人居，居民並沒有受到影響。但是在其他地方，居住區就靠近得多了。」

　　散布中國各地的一萬個左右的礦區，[18] 大舉破壞了國土，因為造成汙染的不只是開採煤炭（儘管媒體大肆報導這點），開採稀有金屬同樣會造成汙染。在中國，程度嚴重到已經停止計算汙染的案件數。2006 年，六十多間銦（用於製造某些太陽能板的一種稀有金屬）的生產公司，將成噸的化學廢棄物倒入湖南省的湘江，[19] 損害了居民的飲水供給。2011 年，有記者報導開採一座銪礦（銪是可用於製造 LED 燈泡的一種金屬），對濱海福建省汀江生態系造成的危害。[20] 在我們飛機落地的贛州，當地媒體最近指出，一家生產鎢（風機葉片不可或缺的一種金屬）的公司，所堆積的數座有毒垃圾山，已阻塞了長江多條支流。

一名中國記者在匿名情況下，描述了依然存在於山東省的石墨（用於製造電動車的一種礦物）礦場落伍的工作條件。金屬淬鍊工廠豎立在灰暗的小山丘中央，在工廠中，「男女員工戴著簡單的口罩，在充滿黑色粒子與酸氣的空氣中工作，跟地獄一樣。」這幅景象之外，還有充斥工廠有毒廢棄物的井、中毒的玉米田、酸雨……。記者繼續說道：「地方當局雖然試圖控制環境汙染的危害，但是來自汽車業者的壓力，實在太過龐大。」

 ## 更環保的世界，仰賴骯髒的金屬

生產「對更乾淨的世界而言無可取代」的金屬，是製造汙染的過程──乍聽之下是個誤解。會這麼認為，是可以理解的：大部分消費者都已經忘記，青少年時期在自然科學與物理化學課堂所學的知識，因此我們的認知必須更新。

要更新知識，不需要回到學校課堂上，只需要到最近的麵包店，買一塊麵包即可。每個人都知道做麵包所需的材料：相當數量的麵粉、水、一點酵母和一小撮鹽。這和從礦場中開採出來、類似大小的礦石有點像：礦石含有許多礦物，就像互相「混合」的原料。

拿麵包的成分來與採礦提煉做比較：麵粉的占比就像礦石，但最後會被丟棄。而我們對水有興趣：就比例來看，水可視為鐵的對應，鐵是地殼中數量豐富的礦物。接著是分量較少的酵母：

酵母可相比為鎳，一種比鐵稀少的「過渡金屬」。剩下一小撮的鹽：這就是稀有金屬了。稀有金屬在地殼中的含量非常稀少，且難以察覺，我們可以不誇張的說，稀有金屬在一塊礦石裡的分量，就像灑在一塊麵包上的一小撮鹽。

不過，岩石是由數十億年前結合在一起的礦石組成，稀有金屬已完全融合在內，就如同揉麵糰和烘焙時，麵包內的鹽粒。開採稀有金屬似乎是百分百瘋狂的任務。然而，數十年來的研究已研發出化學方法，使開採稀有金屬現在成為可能的任務。這就是江西省和其他地方礦坑深處的中國「魔法師的學徒」正在進行的事：他們能夠從岩石中提取出稀有金屬。

如同我們可料想的，這道稱為「精煉」的操作手法，一點也不精煉：必須鑿碎石堆，接著使用許多化學藥劑，例如硫酸與硝酸。一名法國專家解釋：「這是冗長且不斷重複的過程。」需要操作數十次，才能取得接近百分之百純度的稀土濃縮物。

而且不僅僅是如此，每噸稀土的精煉至少需要使用兩百立方公尺的水，這些水將會充滿酸性物質和重金屬。[21] 這些水是否會先流經廢水過濾站，才排入河川、土壤、地下含水層呢？通常不會。中國人原本可做好清潔的工作，但這卻不是他們的選項。中國的稀有金屬生產鏈從頭到尾，幾乎沒有採取任何行動，以符合最基本的環保與清潔規範。稀有金屬在最令人振奮的環保科技與數位科技中無所不在之際，其帶有高度毒性的渣滓卻滲入水、土地、空氣、還有高爐的火焰中——而這些正是古希臘人所謂生命

必需的四大要素。結果是：這個開採提煉稀土金屬的產業，成為中國造成最大汙染的產業之一，也是最神祕的產業之一。我們將試著更清晰的觀察與分析這個產業。

　　現在來看橫江村的情形，這個地方在王京與我檢視過的稀土礦場數十公里外。小村位於另一座礦場的外圍，但是百分之九十的居民已逃離這個覆蓋了灰暗磁磚的大石堆場。由於未受管控的開採活動影響，村民解釋道：「再也沒有任何種植的東西能夠生長，我們的稻田都變得荒蕪！拒絕離開的最後一批村民，最終也都放棄了。」受不了厚重、黏呼呼空氣的一名老人問道：「我們能做什麼？連抱怨都沒有用。」地方當局是否知道汙染的情形？「當然！就連你，不用我們說，你也已經感覺到了，不是嗎？」

　　但這些並不算什麼，特別是和位於北方兩千公里外、內蒙自治區的重要都市包頭市相比。我們曾於 2011 年造訪包頭市。這是所有稀有金屬獵人都知道的一個聚落，原因很簡單：它是地球上最重要的稀土產區，遠比江西省重要。在包頭市及附近的鄉村中，成群的拖車載著石礫，沿著塵土飛揚的道路前進。礦業巨擘包鋼集團每年開採十萬噸的稀土，占全球 75% 的產量，促進了這個都會區的繁榮，這裡有近三百萬居民。

　　必須承認的是，包頭市區令我們覺得頗為舒適，屋頂上插滿五星國旗，成群的腳踏車在城市和工業區之間穿梭來往。還有中國第二大河黃河的洶湧浪潮，拍打著都市的邊緣。公園入口張貼數百張海報，海報上背景全白，有一對夫婦站在一個孩子左右，

標語寫著:「為我們的國家,建設乾淨的都市」。這真是如明信片一般美好的願景。

 ## 發黑大水,流入黃河

然而,要想接近離市中心一百公里外的包鋼礦區,卻是不可能的任務。前一天,我們已經被兩位積極的警察載到警察局,衷心希望不必二度被拘留。我們的中國「嚮導」卻認為,若是前往包頭市西邊十公里處,我們就能夠掀開這個產業幕後的神祕面紗一角。

一旦通過了包頭市的郊區,四線道公路的盡頭有一條荒煙小徑,帶我們到一處高塔豎立的水泥堤防。每個高塔上都有一臺監視攝影機,偵測不速之客的往來。這裡是尾礦壩外圍,尾礦壩是一座巨大的人工水壩,水壩深處有數十支金屬管,滾滾排出附近精煉廠釋放的發黑大水。十平方公里的有毒廢水,斷斷續續滿溢後,流入黃河。

這裡就是能源與數位轉型的核心地帶。

我們過於震驚,待了整整一小時,觀察眼前怪異、破碎的龐大景象。但是,最好在警察看到監視器畫面過來之前趕快離開,於是我們再次啟程。

幾分鐘後,我們到達人工水壩的另一邊──打拉亥村。在這個遍布紅磚小屋的村莊,某些地方土壤中的釷含量比例為包頭市

的三十六倍。未決定離開的千名村民，呼吸著、吃著、喝著水壩的有毒廢棄物。五十四歲的李欣霞（音譯）為其中之一，這位長相美麗、眼睛纖細的女士，知道這是個敏感話題，但她依然坦誠以對：「很多人生病了，癌症、血管疾病、高血壓……，幾乎所有人都波及，這裡發生的事非常嚴重。我們做了一些檢查，而這個村莊被稱為『癌症村』。我們知道正呼吸著有毒空氣，而且我們活著的日子不多了。」

　　李欣霞和她的家人有什麼出路？地方政府提議給村民每畝地人民幣六萬元（相當於八千歐元），好將他們安置在鄉村的大範圍住宅區中。這筆錢對於年收入接近一千五百歐元的鄉村家庭，是個龐大數目，但對農民來說卻不夠，因為公寓的價格仍然高到遙不可及，而且他們再也無法靠荒蕪耕地維生。

　　打拉亥村為稀土金屬付出嚴重代價，剛滿三十歲的男子頭髮忽然變白，成長的孩童卻長不出任何牙齒。2010 年，中國媒體報導，打拉亥村已有六十六名居民罹癌。2019 年春天，我們重返包頭市，發現整個採礦聚落又大幅擴張，包頭市的郊區如今已緊鄰一連串規模龐大的稀土精煉廠。根據該地區祕密受訪的多人表示，包鋼集團的占地廣大，該集團為了能夠擴展稀土採礦精煉活動，已將一切拆除。從打拉亥村開始的「癌症村」都被剷除，居民獲得補償並遷移他處。打拉亥村仍留有大量磚頭，午後的溫度較不悶熱時，附近郊區的人會前來清除磚塊。

　　數十支金屬管依然延伸至尾礦壩的深處，工廠的廢棄物持續

不斷湧入。儘管警衛在附近巡邏，仍無法阻止高霞（音譯）向我們證實：「水庫非常龐大，如果你登上房子的屋頂，你就會瞭解，整片的面積之大，就像一片海！」這位四十八歲的村民，也和她的先生被安置在一間陰暗的平房，眼前景象殘破不堪。在我們首次報導的八年後，同樣的原因似乎依舊造成同樣的結果。高霞表示該地區已遭嚴重破壞，河水「倒影白中帶綠，有時會變紅」，土地只能長出一點玉米和蕎麥，當地居民一直有人罹癌。從前以種植農作物維生的高霞，現在只能打打零工，幾乎無法過活。她最後表示，面對「汙染我們環境」的稀土礦業，農民只剩下無能為力的「苦楚」。

 ## 渴望迎頭趕上的代價

中國著名稀有金屬專家吳瑋，嚴肅承認：「為了對全世界提供稀土，中國人民犧牲了自己的環境。為了發展我們的產業，所付出的代價太過高昂。」

北京怎麼能夠促成這樣的慘劇？

為了回答這個問題，我們必須先回顧一下歷史。十九世紀與二十世紀對中國而言是衰退與羞辱的年代。「中國的路易十四」乾隆皇帝於 1799 年逝世時，中國是全世界第一大國。帝國的邊界一直延伸至蒙古、西藏與緬甸。由於氣候暖化輕微與收成更佳的緣故，人口大量成長。政治體制穩定，清朝來到高峰，中國的經濟

占全世界經濟的三分之一。中國風的流行，直驅歐洲：法國思想
家伏爾泰誇讚滿清專制政治的優點，法國人蒐集中國風藝術品，
英國人發覺對茶的熱愛。

　　但不久後，美好的光景崩塌，災難接踵而來：鴉片戰爭、[22]
不平等條約、1919 年凡爾賽條約的羞辱 [23]（即使中國是第一次世
界大戰的戰勝國之一）、國民黨戰敗、[24] 毛澤東主義的肆虐。毛澤
東於 1976 年離世時，中國在全球經濟的重要性只剩十八世紀末的
十分之一。中國歷經多場內戰，而沒有在血腥的文化大革命（造
成數百萬人死亡）[25] 中被屠殺的中國人，也遭受了駭人的洗腦。
然而，中國人民有堅強韌性，且一直渴望重新找回失去的榮耀。
畢竟，從西元 960 年（趙匡胤登基，建立宋朝）到現在之間，中國
不是曾有將近九個世紀，都是世界最大國嗎？中國必須奪回原本
的地位，無論代價為何。

　　執著於盡快抹去十九世紀與二十世紀的偏離常軌，中國展開
了瘋狂的競賽，在三十年內，實現了西方國家三個世紀才達成的
經濟成長。在鄧小平領導之下，中國共產黨於 1978 年起對資本主
義與貿易全球化開放。為了創造比西方國家更多的競爭優勢，中
國採行混合經濟與放任環境傾倒的經濟政策，使中國成為世界工
廠及西方國家廉價消費性商品的主要供應者。特別的是，北京成
為全世界支撐經濟成長所需的所有礦石主要生產者。中國今日已
是西方經濟體不可或缺的二十八種礦物來源的最大生產國，[26] 全
球產量常超過 50%。除了鉑和鎳以外，[27] 中國還生產至少 15% 的

所有礦物。(參閱〈附錄4：中國的礦物與金屬產量占全球總產量的比例〉)。

快速成功的後果是：這些經濟決定造成的環保危害，大多遭到忽視。業者得以毫無羞恥的汙染大型聚落的空氣、以重金屬汙染土壤、將礦場的廢棄物傾倒至大部分的河川中。所有制定的經濟成長措施都是為了弱肉強食，換句話說，中國人已無法無天。

對環境造成的代價非常高昂、不人道且令人難以忍受。[28]中國已成為溫室效應氣體的最大排放國（2015年排放全球28%的二氧化碳），今日的種種數據仍相當驚人。中國10%的可耕地遭重金屬汙染，80%的地下井水不潔而無法飲用。此外，在全國五百大城市中，只有五座城市的空氣品質符合國際標準，每年有將近三百萬人因空氣汙染而死亡。[29]與我們在北京會面的知名中國環保人士馬軍承認：「這是個極大的錯誤。」

生產稀有金屬成為一股全球性災難

開採稀有金屬造成的汙染，並不僅限於中國，而是牽連所有生產國，例如供應全世界一半以上鈷的剛果民主共和國。鈷對於製造電動車所使用的鋰離子電池不可或缺，開採這種礦物的環境相當原始。十萬名礦工以鏟子和尖鋤鑿地，以取得礦物，特別是在南部的盧阿拉巴省。由於剛果政府無力規範礦業活動，河川遭到汙染、生態系被破壞的案例比比皆是。根據剛果醫師進行的研

究顯示，在卡坦加省盧本巴希（Lubumbashi）礦坑附近，居民尿液中的鈷含量為對照樣本的四十三倍。[30]

中亞的哈薩克共和國也有同樣的情況，這個地球上最大的內陸國家，生產全世界 14% 的鉻。[31] 航空界充分利用鉻這種金屬，因為鉻能夠大量製造超合金，因此能改善飛機的效能。不過南哈薩克州立大學的學者於 2015 年指出，鉻的開採是造成中亞最長河流錫爾河（Syr-Daria）嚴重汙染的主因。研究強調，對數十萬當地居民而言，水已變得完全不潔、無法飲用，甚至不建議將水用於灌溉作物。[32]

類似的問題也困擾著拉丁美洲，特別是因為鋰的開採。鋰是位於玻利維亞、智利、阿根廷鹽漠地底下的白色金屬。美國人將鋰視為重要礦物，由於電動車市場的強勁成長，鋰的全球產量未來幾年將大幅上升。阿根廷將成為鋰的供應巨擘，預計於 2025 年以前，達到每年生產十六萬五千噸的鋰，大約占全球需求量的 45%，前提是能夠吸引外國投資客來投資。[33]

2017 年 5 月，所有拉丁美洲的礦業公司與稀有金屬的精煉集團，都齊聚布宜諾斯艾利斯，在拉布拉他河岸參加大型礦業產銷會 Arminera。就在挖掘機、裝卸卡車、照明塔及攤位上展示的其他廢水處理用品之間，阿根廷礦業部長梅藍（Daniel Meilan）強調該國「目前有數十個鋰礦開採的任務正在進行」，並承諾礦業未來將負起責任、且尊重國際環保標準。在打開香檳之前，所有阿根廷礦業業者在掌聲中，受邀簽署一份道德守則。

　　與此同時，三十多名綠色和平（Greenpeace）組織的抗議人士阻擋了會場的入口，高舉布條譴責礦業的謊言。綠色和平組織的成員史崔諾（Gonzalo Strano）解釋：「所有的演說內容都只是漂綠（greenwashing）行動而已。我們認為，永續採礦並不存在。不僅是因為採礦就是在挖空土地，使用化學產品和大量的水也會造成問題。」

　　在拉丁美洲，採礦產業的風評早已令人詬病。從墨西哥到智利，從哥倫比亞到祕魯，地方團體的反對聲浪這幾年逐漸擴大。加拿大礦業集團巴利克黃金公司（Barrick Gold Corp.）在智利聖地牙哥北方的帕斯卡拉瑪（Pascua Lama）金銀礦採礦方案，就是著名案例。開採礦石導致覆蓋其上的冰川消失，引發當地居民的激烈抗議，迫使巴利克黃金公司於 2013 年暫停採礦。[34]

　　帕斯卡拉瑪的例子，啟發了整個拉丁美洲針對礦業的環保抗議活動。此後，大規模的鋰礦開採也招致環保人士的抗議行動。和所有採礦活動一樣，鋰的開採事實上也需要大量的水，使地方居民可使用的水資源更為稀少，而鹽沼地帶本身就已相當缺水。阿根廷翁布雷穆埃爾托（Hombre Muerto）鹽沼的當地民眾指控，開採鋰礦活動已造成附近水流的汙染。[35]

　　開採地底礦物，本質上就是骯髒的活動，且到目前為止，最活躍的礦產國家的採礦方式，仍然缺乏責任感和道德感，使得能源與數位轉型的良善用意必定遭受質疑。根據布萊克史密斯研究所（Blacksmith Institute）的最新報告，[36]礦業是全世界第二大造成

汙染的產業（第一名為鉛電池回收業，礦業之後為染色工業、工業垃圾掩埋業或製革業），從上次 2013 年的排名上升一名，而全世界試圖擺脫的石化業，甚至沒有排進前十名。

　　鑑於中國在供應全世界稀有金屬上，占有重要地位，若是沒有特別將北京的環保表現納入考量，則無法正確衡量對抗氣候暖化所取得的進步。事實上，北京的環保表現向來一塌糊塗。

 綠色科技的原罪

　　這一章概述了開採稀有金屬對環境的影響。我們必須以更質疑的眼光，看待綠色科技的製造過程。在開始啟用可再生能源之前，太陽能板、風力發電機、電動車、或 LED 燈泡，已經帶有對能源與環境造成可怕後果的「原罪」。綠色科技的整個生命週期，對環境造成的總代價是我們必須衡量的，而這個代價已確實計算出來。

第 **2** 章

**綠色科技
與數位科技的陰暗面**

我們只是以依賴稀有金屬，取代依賴石油。

有點像是毒蟲為了終止對古柯鹼的上癮，

而沉溺於海洛因。

　　我們喜歡稱為「綠色」的科技，或許並不那麼環保。綠色科技對環境的影響，甚至相當廣大。我們於 2016 年春季造訪多倫多時，就在當地瞭解到這一點。

　　在多倫多金融區的中心，北美礦業界的所有開採公司、公家機關、創投家、顧問公司、專家、學者群聚一間大飯店，在舒適的氛圍中，參加一場旨在迅速開拓稀有金屬新商機的會議——第五屆潔淨科技與稀有金屬年度峰會，主題是「投資潔淨科技革命」。會中談論的話題，包含投資、資金流動、毛利、募款、成本結構、市值、平均年產量等。綠色科技的成長前景驚人，國際能源署（IEA）預測，到了 2040 年，可再生能源占全球總發電量的比例將從 2012 年的 21%，上升至 33%。[1]

綠色科技：驚人的環境影響

　　但是，在這個大多數為衣著體面男士的礦業場域中，有兩位人士對這個小團體潑了冷水。

　　第一位是加拿大人、烏拉金（Uragold）公司的執行長杜比隆（Bernard Tourillon）。烏拉金是製造太陽能業關鍵材料的一間企業。杜比隆仔細計算過太陽能光電板對環境的影響，他聲稱，特別考量到光電板內含的矽，生產一片光電板會產生超過七十公斤的二氧化碳。隨著未來數年內，光電板的數量將增加 23%，這表示太陽能光電裝置的發電量每年將增加十京瓦，代表二十七億噸的碳

排入大氣中，相當於將近六十萬輛汽車活動一年造成的汙染。[2]

若是我們研究太陽能加熱板，影響則更加嚴重：[3] 每一百萬瓦時，可消耗多達三千五百公升的水，比燃煤電廠所需的水還多50%。[4] 同樣造成問題的是，太陽能發電站最常位於乾旱地帶，當地的水資源原本已相當稀少。

第二位掃興者是皮特森（John Petersen），他是長期在電池產業工作的美國德州律師。皮特森從各個角度分析數據、參閱諸多學術文獻與自己進行研究後，獲得了一個結論。

我們先把時間拉回 2012 年。加州大學洛杉磯分校的學者，著手比較傳統汽車與電動車的碳影響。[5] 他們的第一個發現是：電動車理應消耗較少能源，但製造電動車卻比製造傳統汽車需要耗費更多能源，主要原因在於電池，一般而言，鋰離子電池非常重。想想看，美國知名廠牌特斯拉的 S 型電動車款所使用的電池，光電池本身就占全車重量的 25%（電池價格也至少占全車的三分之一），重達五百四十四公斤，是雷諾汽車 Clio 的一半重量（參閱〈附錄 5：電動車利用稀有金屬的概況〉）。

鋰離子電池的成分為 80% 的鎳、15% 的鈷、5% 的鋁，另含有鋰、銅、錳、鋼和石墨。[6] 我們已知道在中國、哈薩克、剛果民主共和國開採這些礦石的條件為何，另外還必須加上精煉及運輸和組裝所需的所有後勤工作。加州大學洛杉磯分校的學者所作的結論是：一輛電動車在生產過程消耗的能源，為一輛傳統汽車的三倍至四倍。

但是相對的，就整個生命週期而言，電動車具有很實際的優點。由於電動車不需要汽油，碳排放量因此較低：從工廠產製出來以後、上路行駛、最終到報廢場，共排放三十二噸碳，而傳統汽車的碳排放量則是將近兩倍。不過要注意的是，當年進行研究時，電動車的電池僅擁有一百二十公里的續航力。然而電動車市場成長速度之快，現在已沒有任何商用電動車的電池續航力低於三百公里了。皮特森表示，足夠強勁、充飽電就能使車輛行駛三百公里的電池，等同於在汽車製造階段，產生兩倍的碳排放量；若是電池的續航力為五百公里，則碳排放量甚至達三倍。

雖然如此，總結果仍是電動車占上風：一輛電動車在整個生命週期裡產生的碳排放量，是一輛汽油燃料車的四分之三。

特斯拉公司最近宣布，其 S 型電動車將配備超過六百公里電池續航力的電池。[7]特斯拉的老闆馬斯克（Elon Musk）承諾，不久以後將生產出八百公里續航力的電池。[8]不過，我們應該記得的是：電動車的性能愈提升，製造時所需的能源及產生的溫室氣體，愈可能增加。

皮特森做了結論：「技術上來說，電動車是可行的，但從環保觀點來看，電動車的生產無法永續。」[9]

探討相同主題的許多研究，也獲得頗為接近的結論。例如，法國環境與能源管理局（ADEME）2016 年發表的一份報告指出，「以整個生命週期而言，電動車的能源消耗量，大致上和柴油車相近。」[10]關於對環境的影響，該報告表示「電動車與燃料車的影

響程度相當」。若是電動車使用的電主要來自燃煤電廠，甚至可能產生更多二氧化碳，在若干國家如中國、澳洲、印度、臺灣、甚至南非，即是如此。這正是《自然能源》期刊 2018 年發布的一份報告的結論：如果每個中國人都在用電高峰期（亦即只有熱電廠能夠滿足大部分需求的時刻），蜂擁至快速充電站，那麼在中國行駛的一輛電動車，整個生命週期可能產生比一輛傳統汽車更多的二氧化碳。[11]

事實上，還有許多問題仍未解答：電池壽命常迅速耗盡，電池的替換是否已納入考量？我們是否確實瞭解，車輛內含的所有電子用品及其他連線物件對環境的影響？而這些大部分依舊簇新的電動車輛，日後的回收對環境的衝擊為何？為因應這些新需求而建造的電網和發電廠，又需要消耗多少能源呢？[12]

最後，如同一位在多倫多受訪的美國稀有金屬專家所承認，「回答這些問題，並不符合任何一位綠色能源專業人士的利益，每個人都想相信我們正在改善情況，而非倒退，不是嗎？」

 ## 隱藏的駭人現實

若繼續探究下去，我們會發現更多隱藏的現實。

我們知道，綠色科技正逐漸與數位科技結合，數位科技的先驅對我們承諾，數位科技將使效益倍增。因此，讓我們大膽提出這個令人震驚的問題：數位科技難道不會加劇綠色科技產生的汙

染嗎？這並非能源轉型預言家的評論。正好相反，他們對我們保證，數位科技能使我們做到的正是節約能源。這是主流的言論，而我們需要仔細抽絲剝繭。

首先，數位科技促成智慧電網的誕生，理應能將我們的用電最優化。在產生乾淨能源的太陽能板，與無汙染的「零碳排放」電動車之間，事實上需要輸送電能的網絡。之前，燃煤電廠、天然氣發電廠與核能電廠生產的電，在電網中不斷傳輸——我們準確知道多少電量將在何時傳輸至網絡中某個特定位置，因為決定發電廠要發出多少電力的是我們。但目前的能源轉型並非如此，因為所仰賴的是「間歇性」的能源。事實上，還沒有人找到命令太陽和風的方法，太陽能板與風力發電機對電網的供電，並不平穩。網絡管理者的所有任務是在正確時間，將正確電量輸送至正確地點。電力不足會導致機器停擺，電力過多則造成浪費。多虧愈來愈精密的演算法，能源學家引頸期盼新一代的電網，能不間斷的依照實際需求調節供電，以優化供電量。

其次，數位科技應當能減緩人類活動的碳影響。我們應該讀一讀新科技教父傳播的樂觀又令人振奮的理論，其中包括里夫金。這位美國思想家提倡「第三次工業革命」的概念，[13] 於 2011 年聞名全球，他預言數位科技與綠色能源的融合，將使每一個人能夠自行生產乾淨、價廉、充沛的電。數年後，這位科技預言家再度提出一個美好的概念，即「零邊際成本的新社會」：[14] 網路科技創造出透過網路交易任何東西的「合作社群」新世代，將顛

覆我們的生活，使我們從資產年代，進入使用權的年代。我們不再需要擁有任何東西，因為只要上網，就可以共享任何消費性產品。我們已在汽車交通方面，實現這樣的文化革命（例如，共乘平臺 BlaBlaCar、共享租車 Drivy、共享電動車 Autolib'等等），其效應可能對汽車業造成嚴重影響。因此，里夫金表示，80% 的共享網站使用者，應該都已賣掉他們的車輛。請想像一下，在這個使用權的新時代中，汽車數量大幅下降，隨之而來會節省多少原物料，降低多少碳排放！[15]

2013 年，時任谷歌執行董事長的施密特（Eric Schmidt），與曾在美國國務院擔任希拉蕊顧問、自稱「數位外交」之父的科恩（Jared Cohen），共同出版了《數位新時代》一書，[16] 將此理論再向前推進一步。這本全球暢銷書，拓展了我們對虛擬世界重要性漸增的視野。兩位大師宣稱：「有了網路，我們大多數人將同時在兩個世界裡生活、工作及接受管理。」──現實世界與虛擬世界。在未來，愈來愈多的網路國家，將發起更多的網路戰爭，以對付發動更加猛烈資訊攻擊的虛擬犯罪網絡。[17] 這個聖諭帶來一個美好的烏托邦：我們將擺脫物質束縛，達到更美好的境界。另外，去物質化已等同於遠距工作、電子商務、數位資料儲存等。藉由減少資訊的實體運送與從紙本移向數位，我們已能夠放棄資源消費文化，且能夠減少亞馬遜和剛果盆地的森林砍伐。[18] 簡單來說，能夠直接進入更樸實、更理性的新時代。

然而，數位科技需要開採數量龐大的各種金屬：電子業每年

消耗三百二十噸的金與七千五百噸的銀,汞的使用占全球總用量的22%(五百一十四噸)、鉛為2.5%。光是製造電腦和手機,就用掉如鈀等稀有金屬總產量的19%、以及23%的鈷,還不包括手機內的平均四十多種其他金屬(參閱〈附錄6:iPhone手機中的稀有金屬成分〉)。在一本討論數位科技陰暗面的書籍裡,作者這樣解釋:「消費者使用的產品,只代表整個生命週期所產生垃圾總量的2%。」[19]

舉個例子,即可證明:單是製造一片兩克重的晶片,就大約產生兩公斤重的廢棄物。亦即,生產的物件與產生的廢棄物之間的比例,是一比一千。[20]

而我們這裡討論的,僅僅是數位工具的生產。事實上,電網的運作,理論上會產生額外的數位活動,因此造成額外的汙染。而數位汙染的影響,現在已開始為人所知。一部主題為網路對環境影響的紀錄片,追溯了一封普通電子郵件的旅程:從電腦出發,郵件抵達信箱、下樓、到達匯合中心、透過個別電纜傳向國內與國際交換器,接著經過信息服務公司的虛擬主機(通常位於美國)。然後,電子郵件在谷歌、微軟或臉書的資料儲存中心處理過、儲存,接著送往收件人。結果是:郵件以光的速率,旅行約一萬五千公里。[21]

這一切都會產生環境的代價。紀錄片指出:「法國環境與能源管理局計算過我們數位行動消耗的電量:一封帶有一個附加檔案的電子郵件,使用的電量為一顆LED燈泡一小時的電。」然

而全世界每小時寄出一百億封電郵,「用電量因此是五千萬度,相當於十五座核電廠一小時的發電量」。為了管理傳輸的資料與使冷卻系統運作,一間資料中心每天的用電量,和一座有三萬居民的城市相同。[22]

更廣泛而言,美國一項研究估計,資通訊科技產業消耗全球 10% 的用電,每年產生的溫室效應氣體比航空交通多出 50%。[23] 綠色和平組織在一項研究中指出,如果雲端是一個國家,在用電需求量上將排名全球第五名。[24]

而這只是開始而已:能源與數位轉型還需要衛星群(矽谷巨擘已用衛星群,將整個地球連結成網路)的運作、將衛星群送上太空的火箭、用大量電腦來判別正確的路徑、發送正確頻率、用合適的數位工具將密碼譯為訊號、運用大批超級計算機以分析龐大的資料,且為了即時傳送資訊,還需要遍布全球的海底電纜、複雜的空中與地底電網、數百萬個資訊終端機、大量的資料儲存中心、數十億臺需充電的平板電腦、手機和其他聯網物品⋯⋯。因此,所謂開心邁向去物質化時代,只不過是天大的謊言,因為實際上產生了更廣泛的實體影響。

舉例來說,1951 年,第一臺美國商用電子計算機 UNIVAC I(通用自動計算機)共賣出四十四臺;2015 年,全世界賣出將近三億臺個人電腦與超過兩億臺平板電腦;現在,四分之三以上的地球人擁有手機。

為了這個數位龐然大物,我們將需要更多燃燒煤炭、石油、

天然氣、核能的電廠，以及風電站、太陽能發電站與智慧電網，而這麼多的基礎設施，都需要稀有金屬！

關於這些，里夫金一個字都沒有說。

我們因此前往拜訪這位知名人士，想和他討論隱藏的現實與綠色能源的矛盾。我們數度聯絡經濟趨勢基金會（FOET），因里夫金在此基金會擔任講者與幕後顧問。我們也寄發數封電子郵件給他，闡釋我們的請求，說明我們希望釐清的矛盾。我們同樣提議在里夫金先生訪問法國時，與他短暫會面，甚至提議在他位於華盛頓郊區的辦公室，親自訪問他。

我們從來沒有收到回覆。或許是因為能源與數位轉型所蒙受的最初錯誤：構想能源與數位轉型時，並未考慮到土地！綠色科技可能在基礎科學研究員的腦中誕生，由於企業家的毅力而產生具體應用方法，因具有吸引力的稅制與彈性的規範而受到偏愛，受到無畏投資者和天使投資人的支持。

但是無論如何，每一種綠色科技無論形式為何，首先都得從土地上挖坑開始。藉由向土地索求新的貢獻，我們只是以依賴稀有金屬取代依賴石油，用「過度」抵消「缺乏」。有點像是毒蟲為了終止對古柯鹼的上癮，而沉溺於海洛因。實際上，我們完全沒有解決人類活動對生態系造成衝擊的難題，我們所做的只是移轉問題。這股駕馭現有環境危害的狂熱，可能導致我們面臨更嚴重的生態危機。

回收成果令人失望

　　除非大規模回收稀有金屬能節約能源，不然回收稀有金屬是否真能減輕開採造成的環境衝擊呢？

　　「大規模回收」這個想法非常吸引人，日本人已開始實行。在東京北部的足立區，一長列淺藍色小貨車，打破了這個 2011 年秋季午後的寧靜。清潔員中村正樹，開車巡迴蒐集電子垃圾：老舊的電玩主機、手機、電視螢幕等，全部堆在小貨車的車斗。巡迴結束後，中村正樹將蒐集的垃圾倒在數百公尺外，要興業（Kaname Kogyo）分類與回收公司的垃圾場內。要興業公司總裁松浦吉高，穿著全套暗色西裝與領帶，正跨過小型家電堆積成的小丘，員工正仔細將小家電分類。金屬從這個垃圾箱移至另一個垃圾箱時，發出了聲響，總裁在噪音中說：「現代人不怎麼考慮，就把所有電器都丟棄，但是電器中有許多稀有金屬！」

　　全球化確實讓我們進入驚人的時代，讓西方國家變得相當繁榮，就連垃圾，無論是廚餘、住宅垃圾、工業廢棄物、核廢料、或電子垃圾，都非常充足。我們已從不久之前、祖父輩仍試圖克服日常生活的匱乏，來到只會生產過剩的新文明。我們絞盡腦汁想知道的，不再是如何管理消費商品，而是如何存放已用過的產品。[25] 從金屬廢棄物開始：人類每年製造等同四千五百座艾菲爾鐵塔的電子垃圾，平均一個人約六公斤以上。[26] 全世界的電子垃圾每年以令人擔心的速度成長，過去三年就成長了 20%。[27]

　　廠商先前很滿足於回收重要金屬，因為成果豐碩：全世界已回收超過 50% 的金、銀、鋁和銅，[28] 但卻很少人對較鮮為人知的稀有金屬感興趣。關於這一點，日本已邁出一大步，日本人比所有人更早瞭解到，散布在全國的數千個「都市礦場」（電子產品的垃圾場）充滿稀土金屬。[29] 舉例來說，日本估計有兩億支用過的智慧手機，每一支擁有約十分之幾克的稀有金屬，可以抽離出來。日本全國總共有三十萬噸的稀土金屬沉睡著，這樣的數量足夠日本自給自足三十年。

　　這項政策促成「最創新的電子垃圾」的循環經濟（參閱〈附錄 10：金屬的生命週期〉）。日本舉辦多場大型的垃圾蒐集活動，使全國每年丟棄的六十五萬噸小型電器，重回消費通路。動員規模之大，連在日本備受推崇的虛擬明星「初音未來」，都加入行動──這位虛擬歌手穿著短裙，在代表「携帯」（手機）的漫畫背景前，唱著簡短的副歌，說服日本同胞：他們正坐在一座金礦之上。

　　但光是蒐集並不夠。日本政府也投資了數億美元，進行科學研究計畫，以其他金屬取代某些稀有金屬（例如，鈰是用於拋光玻璃的一種稀土，可以鋯來代替），還降低了磁鐵內的稀土含量（例如，新的應用方式能減少 LED 燈所需的銪和鋱 80% 的用量，以及磁鐵中所使用鏑 30% 的用量）。[30]

　　許多西方國家在日本之後，也開始養成習慣，例如需要大量稀有金屬的美軍。在亞利桑那州圖桑市郊區有一些軍用倉庫，裡

面裝滿數千架廢棄的飛機。這些飛機內含數噸的稀土磁鐵，軍事高層卻不懂得提取和再利用。[31] 更嚴重的是美軍撤離阿富汗時，可能遺留了充滿磁鐵、價值六十億美元的軍事設備，任憑敵人處置。[32] 在美國，許多專家已開始評估這個新難題的嚴重性，並提議發給士兵手冊，解釋如何在撤退前，從設備中取出含有稀土金屬的產品。

對製造與銷售產品的業者來說，卻完全是另一回事，因為循環經濟會導致傳統供應鏈的徹底翻轉。事實上，循環經濟需要的不只是熟悉位於產品製造鏈前端的原料供應者，還要鎖定位於銷售鏈末端、購買產品的使用者。根據此模式，蘋果與 H&M 等企業，分別已知道哪裡能取得稀土礦石與棉球，今後必須追蹤散布世界各地的數十億支 iPhone 和數十億條舊牛仔褲。換句話說，寄件者與收件者的角色互換了。[33]

反過來做事而獲得相同結果──對許多人而言，這是一場哥白尼式革命。然而在這條件下，回收的金屬在產品製造鏈前端所占的比例可能增加，我們或許可藉此預見稀有金屬的未來。在這個未來世界，礦業大國不再是擁有最驚人礦藏的國家，而是處理最大量電子垃圾的國家。我們將繪製列出最大垃圾山的藏寶圖，且對「世界級」垃圾堆，給予特別榮譽，就像我們今日指稱某些礦藏一樣。我們的垃圾將會是令人垂涎的寶藏。

因此，日本幾乎不從國土的地底開採任何一克的稀有金屬，而是藉由循環經濟的傑出作為，或許能（誰知道呢）轉化為出口

大國，且讓其他國家仰賴其回收方法。未來可能衍生出回收稀有金屬的地緣政治，至少日本是這麼認為。接下來，我們能輕易想像一種生產模式的環保進步，這種生產模式旨在限制礦物開採與減少將老舊電視機出口至迦納或奈及利亞的電子垃圾場。

這個目標若理論上有道理，要執行卻相當複雜。事實上，稀有金屬和鐵、銀或鋁等傳統主要金屬，存在一個很大的差異：在綠色科技的成分中，稀有金屬的狀態不純粹。

能源與數位轉型業者愈來愈鍾愛以合金來製造產品，他們利用熔合多種金屬，得以創造出相較於「簡單」金屬而言，特質更強化的「合成」物質。例如，大家都知道鐵和碳的結合會產生鋼，沒有鋼許多摩天大樓就無法高聳直立。同樣的，空中巴士 A380 一部分的機身是由 GLARE（玻璃纖維和鋁合金層板）製成——這種強勁的物質由鋁和玻璃纖維組成，可減輕飛機重量。風機的馬達與電動車內的磁鐵則混合了鐵、硼與稀土金屬，能將力量最大化。

半透明水泥、紙磚、絕緣膠、強化木材……，地球上現在已充斥著改變了物質原本特性的新材料。這些合成品大有可為，將使綠色科技愈來愈依賴。不過就像「合成」這個名稱所言，在回收時將會需要「反合成」出原物料。

在稀有金屬的「反合成」方面，已存在許多科技能夠做到。例如日本學者岡部徹，他在東京大學的工作室中，展示最新發明的運作方式：利用玻利維亞高原的山鹽而製成的高溫爐。他在一

大堆電線、管子和溫度計之間解釋:「多虧了鹽,稀土金屬會和其他金屬分離,我們因此能夠取得稀土金屬。」

乍看之下,回收合金並不簡單。我們且回到麵包的譬喻,如果麵包師傅想避免丟棄攤位上賣剩的一塊麵包,他必須試著將先前已結合的原料分離,這會是相當複雜、費時費力的過程。而處理風機、電動車或智慧手機內的稀有金屬磁鐵,不會比較容易:為了將稀土金屬和其他金屬分開,業者必須利用過程冗長而昂貴的技術,使用強力的化學產品和能源。

回收就像婚姻:所有的離婚都有代價。岡部徹坦承:「我向您展示的科技,的確大有可為,但就成本而言,卻一點也無法獲利。」因此,日本垃圾場內的稀有金屬,固然是目前任何經濟模式都無法獲得的寶藏,但業者的問題就是取得稀有金屬的花費非常高昂,這個成本目前仍高於其價值。如果原物料的價格也同樣高漲,回收金屬的價格就可能具有競爭力。可惜的是,原物料價格從 2014 年底開始,就結構性的偏低了。[34]

因此,在此時此刻,沒有業者有興趣回收大量的稀有金屬,開採礦產一定比處理電子垃圾更便宜。在六十種工業最常使用的金屬中,有十八種的回收率超過 50%、三種超過 25%、三種超過 10%,剩下三十六種金屬的回收率小於 10%。[35] 銦、鍺、鉭、鎵等稀有金屬與若干稀土金屬的回收率,只有 0 到 3%(參閱〈附錄 7:稀有金屬回收率的彙整圖〉)。[36] 對業者而言,若是有一天能達到 10% 稀土金屬回收的門檻,就像日立電子集團希望的那樣,[37]

將是很不得了的成就。但即使如此,回收金屬的數量還是無法滿足我們的需求,即使鉛的回收接近 100%,也無法勝過開採鉛礦,因為對鉛的需求一直在上升。[38]

通往地獄之路,確實鋪滿善意。

〈巴塞爾公約〉形同具文

不過業者卻承認:回收稀有金屬能夠獲利的一個方法,是累積夠龐大的垃圾量,來創造規模經濟。然而,儘管垃圾已無法修復,卻未停止旅行。

曼哈頓的高樓雄偉豎立在紐華克灣的另一側,紐華克灣位於紐澤西州,在那裡聚集著許多電子垃圾回收場,或者該說是出口電子垃圾的美國公司。美國組織「巴塞爾行動網」(Basel Action Network)的人士羅曼(Lauren Roman)注意到,這些公司離海岸的港口不遠。數年來,羅曼來往紐澤西,將裝滿電子垃圾貨櫃上的追蹤號碼拍照,使她之後能夠追蹤這些垃圾在全球的軌跡。

絕大多數的回收業者,都必須在蒐集電子垃圾的該國進行處置,這是〈巴塞爾公約〉的重點。[39]〈巴塞爾公約〉簽署於 1989年,禁止將被視為危險的垃圾,從已開發國家移轉至較不在意環保規範的國家,[40] 因為這些垃圾常內含重金屬與有毒金屬。〈巴塞爾公約〉至今已獲得一百八十五個國家簽署,但有少數國家仍拒絕簽署,其中包括美國。美國回收業者因此受到鼓舞,將無用

的電子垃圾統統出口。

經過數年的調查後，羅曼確信：80% 美國製造的電子垃圾被運往亞洲。

這個情況並非只存在美國，日本的回收業者也將電子垃圾運往中國，而日本甚至簽署了〈巴塞爾公約〉。「採購」這項晦暗的商業行為惡名昭彰，許多電子垃圾就用「採購」的名義，運送至較不在意環保規範的「採購國」。有些國家甚至會將老舊材料裝入貨櫃，蓋上「人道救援物資」的印章，以規避國際規範。

歐洲並未表現較佳：不計其數的車輛內含稀土金屬，被貼上「二手」的標籤，運離阿姆斯特丹港口。這樣的浪費，內容包括 50% 無法使用的催化劑、大量的風機電池、超過 50% 的老舊電路板和每年一百萬噸的銅。

儘管歐洲刑警組織從 2013 年起，將非法的垃圾交易列為對環境的主要威脅之一，[41] 情況卻沒有改善。歐洲有關當局估計，每年有高達一百五十萬噸的電子垃圾，從歐洲出口至其他地區，主要是非洲和亞洲。[42]

中國是電子垃圾的重要目的地，中國人力非常低廉，回收成本是已開發國家的十分之一。[43] 至於中國人無法以令人滿意的成本回收的磁鐵，我們的中國代表宣稱：會將磁鐵儲存起來，等待有一天出現可行的經濟模式，就能重新利用磁鐵。但他們的說法無法獲得證實。

既非乾淨、也無法再生

我們能得到的結論是：

▶▶ 「乾淨」能源需要仰賴稀有礦石，但是稀有礦石的開採卻一點也不乾淨，甚至是環境的噩夢，伴隨而來的是重金屬廢棄物、酸雨和汙水等等。換句話說，為了要乾淨，必須製造骯髒。但是我們假裝不知情，因為我們拒絕評估風機與太陽能板的整個製造週期。中國環保人士馬軍強調：「我們不能只滿足於評估環保、健康、無汙染的成品，而應該要檢驗其中成分的開採與工業製造的過程，是否符合環保。」

▶▶ 同樣的，我們稱為「再生」的能源，是基於它們的來源是使用不盡的，例如陽光或風力與潮汐。但是這些能源須奠基於開採無法再生的原料。地底的寶藏是有限的，成形所需的時間是以數十億年來計算，極可能無法因應人類需求的急遽成長。我們之後將再討論這點。

▶▶ 這些能源仍被稱為「綠色」或「脫碳」能源，因其讓人類得以擺脫對化石能源的依賴。但事實上，這些能源來自會產生溫室效應氣體的活動，需要數量相當龐大、由發電廠產生的能源，才能開採礦石、精煉出稀有金屬、接著運送至生產中心，將稀有金屬加進風機或太陽能板中。多虧了電動車，汙染不再被排到都會區中，但汙染只是轉移至礦區，而我們在礦區開採的是製造電動車不可或缺的資源，這難道不是不幸

的諷刺嗎？於是，能源與數位轉型是「對象為較富裕階級」的轉型：它減少市中心、富庶地區的汙染，而將實際的負面影響轉移至較貧窮、較少人注意的地區。然而，若是我們不知道問題的存在，又該如何因應呢？我們的新能源模式其實相當有害：碳經濟的參與者過去無法否認汙染的事實，而現在，新的綠色經濟躲藏在對未來世代負責的良善說詞背後，卻同時在製造汙染。

▶ 許多環保界人士所誇口的「能夠讓人類擺脫核能的科技」，其實都需要某些材料（稀土金屬與鉭），而這些材料的開採會產生輻射。稀有金屬本身不具有放射性，但是將稀有金屬與在地殼內自然結合的其他放射性礦物分離，例如釷或鈾，會產生可觀分量的輻射。根據專家說法，包頭市有毒水壩附近和白雲鄂博礦區底部的輻射，是車諾比現在所測得輻射值的兩倍。[44] 在正常開採條件下，產生的廢棄物儘管輻射程度在國際原子能總署（IAEA）的標準下不算高，仍然需要隔離數百年。[45]

▶ 為了加速能源與數位轉型，有些善意人士希望能把「食物里程」這類的區域網絡概念，應用在能源輸送通路上。永續社區，例如德國弗萊堡市的弗班（Vauban）社區，即以消費愈來愈多由當地生產的乾淨能源而自豪。但是少了稀有金屬，這些環保社區無法存在。這些善意人士是否想過，應該把稀有金屬跋涉過的數百萬公里的里程，給加進來嗎？一名法國

專家很擔憂的說：「理論上，這個環保點子行得通，但是實務上，最後的結果卻是完全扭曲。」

▶▶ 我們節約能源的理想，仰賴許多綠色科技。事實上，製造這些綠色科技，需要比傳統科技使用更多的關鍵原物料。世界銀行有一份報告指出，「奠基於綠色科技的未來，意味著消耗許多原物料，若缺少適當的管理，可能毀滅……永續發展的目標。」[46] 我們不能否定這項事實，否則我們可能達到與〈巴黎協定〉的目標完全相反的結果，甚至造成人類缺乏可用資源，因為全世界共七十五億的人口，將在未來三十年，消耗比過去兩千五百個世代更多的金屬。

▶▶ 最後，我們更環保的世界需要稀有金屬，但稀有金屬的回收卻不如所稱的那麼環保。其對環境的影響甚至可能更惡化，因為我們的社會將會生產更多樣的合金、成分種類更多元、使用比例也愈來愈高。能源與數位轉型業者，今後必須面對一個根本的矛盾：他們尋求永續的世界，實際上反而限制了新消費模式的出現——這個新消費模式原本代表了更節省、且奠基於循環經濟的原則。未來的世代談到我們時，或許會說：「我們二十一世紀的祖先？對了，就是把稀有金屬從一個洞窟拿出來，又放到另一個洞窟的人吧。」

在原物料界，上述這些觀察顯而易見；然而，對大多數人，這些觀察和直覺相牴觸，我們絕對需要許多年的時間，才能理解

和承認。到了那一天，我們將會反轉數十年來的幻想與騙局，我們將重新聆聽 PSA 集團老闆塔瓦雷斯（Carlos Tavares）的警告，他在 2017 年 9 月法蘭克福車展中，談到電動車對環境的負面影響：「如果有人要我們製造電動車，政府與有關當局也應該負起科學責任，因為我不希望三十年後，在電池回收、使用地球稀有資源、或充電時電池釋放電磁波方面，有人發現不如想像中美好之事。」[47]

　　未來或許會爆發「電動門」（Electricgate）的爭議，而且就像「柴油門」（Dieselgate）醜聞一樣，導致全球規模的司法行動。我們將自問，我們怎麼能在諸多證據面前，盲目如此之久？我們將坦承，經濟圈與政治圈形成的共識，受到許多環保團體高度支持，使所有矛盾都無法被聽見。我們或許也會說，核能最終比我們希望用來取代核能的綠色科技更無害，而在能源混合使用的情況下，我們難以減少核能的使用。

　　我們因此需要研發新科技，或許未來有人會稱之為「奇蹟科技」。這些奇蹟科技旨在矯正目前這種「無憂無慮的邁向更環保世界」可能造成的嚴重問題。

　　我們也不要光指控中國人、剛果人或哈薩克人。西方國家直接造成了這個情況，正是西方國家刻意放任最不負責的國家，而使全世界充斥骯髒金屬。

第 **3** 章

把汙染移轉他國

西方國家向中國購買這些元素，

並能夠誇口自己國家遵守良好的環保慣例。

換句話說，世界就區隔成：

弄髒的一方和假裝乾淨的一方。

西方國家不願承擔生產稀有金屬的領導地位、以及連帶而來的環境永續責任，寧願將稀有金屬的生產事業與相關的汙染，轉移至準備好要犧牲環境以致富的貧窮國家。

美國人稱霸稀土市場的時代

為了更加瞭解這個情況，我們於 2011 年夏季的某個早晨，離開生氣勃勃的拉斯維加斯，沿著十五號州際公路開車向西南方前進，這條筆直的柏油路，穿越廣大的內華達州與加州地區。兩個小時後，我們看著鄰近鏽蝕工廠的一塊礦場，上面飄著一面破舊的美國國旗。在這座布滿礦石與灌木的山谷中，美國的鉬業公司（Molycorp）於 1990 年代之前，開採了隘口（Mountain Pass）礦場，這曾是地球上稀土金屬產量最大的礦場。

和既有觀念相反的是，稀有金屬的礦藏並未集中在礦業最發達的國家（中國、哈薩克、印尼、南非等）。[1] 稀有金屬遍布地球各處，有些地區的集中度較高。因此稀有金屬是既稀有，同時也不稀有。

最具戰略價值的稀有金屬礦場，即知名的稀土金屬礦場，位在十幾個國家內。[2] 法國國會的一份報告指出，「1965 年以前，開採的地點在南非、巴西、印度，但總產量微小，每年不到一萬噸。」[3]

接著是 1965 年到 1985 年的第二階段，美國取得稀土開採的

全球領導地位。報告繼續指出,「美國並未取得獨占地位,但是優
勢明顯,稀土金屬產量也變得更多,每年約五萬噸。」[4] 供給資源
的正是隘口礦場。

　　不過,鉬業公司的活動危害了環境,開始嚴重影響附近的
生態系,而這件事似乎讓鉬業公司的高層相當難堪。我們向鉬業
公司提出核准參訪礦場的申請,得到的只是全然的拒絕。情急之
下,我們聯絡了一家雙引擎飛機租賃公司,並通知鉬業公司:由
於無法走進礦場,我們將於隔天下午兩點進入鉬業公司的上空,
而且,在當地非常活躍的環保組織「大盆地資源觀察」(Great Basin
Resource Watch)的會長哈德(John Hadder)將與我們同行。

　　我們在拉斯維加斯一座小飛機場的機場跑道會合,飛機場位
於成群淡紫色山脈環繞的山谷中。老舊的飛機在跑道上前進後,
迅速起飛,才過了幾分鐘,我們就在一片礦石景色中,認出隘口
礦場的設施。不久後,飛機接近一團沒入水域的岩石。

　　這趟飛行最具啟示性的部分,是飛離礦坑二十多公里處的地
方:在沙漠的正中央,有一個延伸數百公尺的圓形濾水池。環保
人士哈德表示:「礦坑開採時,所有排出的廢水都流向這個大水
池。如今,地下水層仍持續吸收從礦坑流出的汙水。」

　　飛行結束回到地面後,在飛機跑道後頭的一個機棚內,哈德
展開一份令人震懾的文件:根據美國環境保護署 1984 年至 1998
年所蒐集的資訊,而繪製的隘口礦場地圖。「大盆地資源觀察」
組織必須拼湊解讀環保署的資料,才能繪製出這張地圖,該地圖

71

重建了隘口礦場活動在莫哈韋沙漠（Mojave Desert）造成的環保危害紀錄。

令人矚目的是：地圖上從礦坑到濾水池之間的一連串數據。哈德會長解釋：「處理礦石的汙水從礦坑抽取後，排入這個大水池，」兩地之間有一條管道，運送數十億公升的廢水。「管道沿線的數據是管道破裂與發生漏水的地點。」十五年內，這類的意外已發生六十多起。「最嚴重的一次發生在 1992 年，漏了一百五十萬公升的汙水！流入沙漠的水總共有將近四百萬公升。」

這些對環境的危害，嚴重影響了附近居民：汙染土地的廢水混合了鈾、錳、鍶、鈰、鋇、鉈、砷、鉛……。[5] 受汙染的沙塵暴和地下水層，玷汙了莫哈韋沙漠，範圍廣至數公里遠。哈德回憶道：「一連串司法行動，迫使鉬業公司直接面對環保問題。」美國司法單位對鉬業公司祭出了嚴重罰款。

有一天，配戴武器、防護罩與防彈背心的聯邦探員，來到鉬業公司，通知該公司已數不清又一次的違反加州環保規範。為了保護附近陸龜的棲息地，相關單位要求礦場的三百名員工，去上一堂沙漠陸龜的教育課程，並禁止員工接近三十公尺內任何帶殼動物。因擔心再度發生漏水，且發現設備更新的花費太龐大，鉬業公司於 1990 年代末期開始思考，是否在隘口礦場繼續採礦。

在同一個時期，渴求經濟成長的中國，知道如何從西方礦業公司的困境中得利，且讓自己逐漸變成稀有金屬市場的要角。中國擁有達成目標的資源，因為包頭市的礦場代表全球將近 40% 的

稀土礦藏。為了加快礦業生產從西方轉移至東方的速度，北京使用了一個可怕的商業策略，且今天仍繼續使用。這個策略就是一個詞：「傾銷」──經濟傾銷，因為生產的成本被打破；以及環境傾銷，因為，如同環保人士馬軍指出的，「破壞環境的修復工程，並未列入生產成本中。」馬軍甚至懷疑北京根本不阻止這些危害。

這樣的雙重傾銷，對北京的定價政策產生影響：在 2002 年，中國生產一公斤稀土的實際成本，平均為 2.8 美元，僅是美國的一半。[6]中國的無情競爭，迅速使鉬業公司無以為繼，隘口礦場停止運作，且依賴庫存直到 2002 年礦場關閉。

環保責任的道德規範，原本是為了試圖阻止不可避免之事。西方國家基於環保責任和戰略觀點，不應該採取只關注獲利的立場，即使蒙受損失，也該對自己國家的稀有金屬開採作業，進行設備更新的補貼及反傾銷的作為。當時西方國家已出現基本的環境永續責任規範，這本來也是澳洲該負起的責任。

2001 年，一位富裕的澳洲商人柯蒂斯（Nicholas Curtis）購得威爾德山（Mount Weld）。威爾德山位於西澳大利亞州，是全球最大的稀土礦藏之一。

一名專家回憶道：「柯蒂斯先生相信，有鑑於在汽車、發光材料、甚至電視機的諸多應用，這些材料將變得非常具有戰略價值。他因此創立萊納斯（Lynas）公司的新礦業部門，在威爾德山開採鈰、鑭、釹等稀土金屬。」[7]

但是柯蒂斯也不得不承認：中國人開出的價格之低，萊納斯公司已沒有任何機會可提出具競爭力的稀土價格。接著，2008 年金融危機，在短時間內進一步損害了礦場的運作。[8] 在這段期間，西方國家完全放任稀有金屬的「魔法師的學徒」。一名法國專家指稱：「歐洲與美國清楚知道，取得還算乾淨、不會危害未來世代的稀土成本為何，但我們寧願不去過問中國的情況。」[9]

美國人不是唯一無視這個問題的人，他們和法國人、澳洲人都有責任。

 ## 熱氣球、冒險與稀土：羅納普朗克傳奇

法國是第三次工業革命資源的領導者嗎？重返法國小螢幕歷史上的經典時代之一，將喚醒我們的記憶。讀者或許會記得在 1980 年代每週六晚上十點，法國人會聚在一起收看于洛（Nicolas Hulot）主持的節目《烏蘇懷亞》（Ushuaïa）。節目裡有世界各地的民族、讓英國作家吉卜林十分嫉妒的野生動物、氦氣充飽尼龍表層的熱氣球，飄過驚人的美景。TF1 電視臺提供我們美夢，且已對我們推銷值得關注的焦點。因為在螢幕下方，節目贊助者法國化學集團羅納普朗克（Rhone-Poulenc）公司的長方形商標，伴隨著廣告：「歡迎來到人類冒險、實踐、英雄事蹟的世界！」

法國羅納普朗克公司於 1998 年，將化工部門獨立、並更名為羅地亞（Rhodia）公司，接著於 2011 年，出售給比利時的索爾

維（Solvay）集團。在這之前，羅納普朗克是全世界兩大稀有金屬公司之一。[10] 在 1980 年代，羅納普朗克位於濱海夏朗德省拉洛歇爾市的工廠，每年精煉八千噸到一萬噸的稀土，占全球市場的50%。

我們要不厭其煩的強調：法國曾精煉全球一半最具戰略價值的稀有金屬，這些未來的資源不久後，將影響我們的能源與數位轉型。法國曾經擁有不凡的化工知識，以及傑出的商業表現。對內安全總局（DGSI）的前身——國土情報監測部門（DST）甚至監控工廠的往來行動，擔心受邀前來業務參訪的俄羅斯或中國夥伴，會進行間諜活動。

拉洛歇爾市的工廠位在城市西邊、一處占地四十公頃的靠海地點。工廠仍持續運作，而我們曾造訪此地。在巨大的倉庫內，稀土被分離出來，接著在高溫爐內煅燒，產生氧化物（粉末），氧化物接著被包裝在預備銷售的包裹中。在鄰近的倉庫中，廣大的貨架上密集排列著包裹，包裝上印了我們現在已相當熟悉的名稱——鈰、鑭、釹、鋱。同一個地點，還有一間致力於研發工作的實驗室，但精煉廠的產能已遠遠不及二十五年前的高峰。

這對任何人都不是祕密：開採與精煉稀土，具高度汙染性。事實上，在礦石中，稀土會很自然的與放射性元素結合，例如釷和鈾。在拉洛歇爾市的廠房，分離這些物質的過程因此會釋放出氡，儘管分量微小。氡是帶有非常微量輻射的氣體，法國稀土業的前員工保證，員工吸入氡從未造成任何醫療事故。然而，「無

放射性的稀土礦石是不存在的」，而這是一名羅納普朗克公司的前員工說的。[11]

羅納普朗克公司每年分離出的數十噸鈾，被賣給法國電力公司（EDF），法國電力公司將鈾用於核電廠運轉。釷從以前到現在，都存放在工廠，高達數千噸，未來有一天，或許可用於新一代核電廠的燃料（編注：與鈾相較，釷的放射性較低、蘊藏量較豐、發電效率較高、產生的核廢料也較少、且不易製成核武器）。至於分離礦石所產生的廢水，會流經汙水過濾站，然後透過新港灣礫石灘上的管路，[12] 注入拉洛歇爾海灣末端。這些廢水含有大量的雜質，例如鐵、鋯、鋁、矽土、或鎂的渣滓，在 1980 年代曾發生好幾次，未處理過的廢水泥團從過濾站「偷偷溜走」，直接被倒入海中。

這些廢棄物是否含有具放射性的釷呢？羅納普朗克公司的一名前員工表示沒有：「所有的釷都在過濾程序之前即被攔住，之後才排出廢水。」他補充說道：「如果有放射性，也只是來自鐳，鐳是釷和鈾分裂後的產物。」但一些非政府組織卻相信情況完全相反，並估計工廠自 1947 年起，已將一萬噸的放射性廢棄物排入海洋中。

1985 年，一道地方行政命令，使環境規範變得更嚴格，且若新港灣礫石灘上的管路在漲潮時，沒有沒入海中，即禁止羅納普朗克公司排放任何液體。（管路沒入海中，廢水才會被海潮帶走。）此外，命令還訂定了廢水可容許的最高標準。但是，放射

性獨立研究和資訊委員會（CRIIRAD）仍然在環保組織「綠色普瓦圖－夏朗德」（Verts Poitou-Charentes）的要求下，自 1987 年起展開數次稽查。委員會觀察到管路在漲潮和退潮時都在運作，駁斥了羅納普朗克公司的正式報告。如同該環保組織在一封寫給拉洛歇爾市長暨國會議員克里波（Michel Crépeau）的信中指出的，在排放廢水管道附近環境的採樣，證實了「在海洋中廢棄物和釷及其分裂產物累積的程度」。管路附近的放射性計數達到 1,000 cps（每秒計數到一千次），是當地平均值的一百倍。委員會的一名工程師評論道：「這實在非常嚴重。」[13]

儘管如此，政府部門卻不受震撼。當時在《解放報》報導這些事件的克理耶（Hélène Crié）表示，[14] 在拉洛歇爾市，「所有人都知道（關於輻射的事），從市長克里波開始。當地媒體經常報導這些事，但情況沒有任何改變。」[15] 法國健康部轄下的離子輻射保護中心（SCPRI）主任貝樂杭（Pierre Pellerin）教授曾聲稱：「拉洛歇爾市的這段輻射歷史定期被提起，如果繼續談論，反倒會使民眾對無稽之談感到擔憂。」[16] 但我們對於貝樂杭教授這號人物所說的話，可能需要謹慎以對，因為這位科學家低估了車諾比核災在法國產生的輻射雲影響，之後遭到譴責。

在 1980 年代，法國人的環保觀念遠不及現在，然而當地居民的環境意識開始燃起。《解放報》寫道：「某個海洋組織舉辦的兒童風帆衝浪活動，在這個礫石灘附近舉行，海洋組織的工作人員感到憂心：『如果孩童喝到水，如果他們碰到被汙染的泥團

而受傷，那會怎樣？」海灣其他地方的情況如何？由於海潮的緣故，據說進入港口的一滴水，要三週才會離開。」[17]一些委員會在不久之後成立，在公共會議上，有民眾大喊：「羅納普朗克是一間原子能工廠！」甚至喊道：「工廠會爆炸！」[18]

議員勒戴歐（Jean-Yves Le Déaut）曾兩度親臨現場，以觀察情況，結果見到將近三百名拿著擴音器的示威者。「我們和他們討論，有一位和善的先生告訴我：『議員先生，您要瞭解，我們住在這裡，生活原本平靜，現在他們卻想要給我們輻射。』……人們開始感到恐懼。」[19]

很明顯的，「輿論媒體對羅納普朗克名聲施加的壓力，變得非常巨大，」羅納普朗克與羅地亞稀土公司的前工業與原料主任杜磊（Jean-Paul Tognet）回憶道：「高層計畫全部停工……拉洛歇爾的工廠因為這些問題，幾乎被迫關閉。」[20]

從 1986 年到 1998 年，羅納普朗克公司的執行長為傅圖（Jean-René Fourtou）。1994 年，他決定完全轉變策略，並對內宣布：「我不要再聽到輻射的事了！花錢買你們需要的東西，但不要再有任何放射性的產品。」[21]潘朵拉的盒子已被打開。羅納普朗克（之後成為羅地亞）公司自問，外國合作夥伴是否能夠進行精煉的第一步驟，因此在某一天，羅納普朗克公司向挪威人、印度人、中國人詢問：「你們不能替拉洛歇爾製造非輻射的產品嗎？」

羅納普朗克公司是否在處理礦石的過程中犯錯，以及太遲同意向大眾公開，而犯下過度不透明的過失？不熟悉輻射問題的拉

洛歇爾市居民，是否誇大了他們實際上暴露的風險？[22]至於有關當局，他們是否試圖隱藏若干資訊，而增添疑慮呢？或許各方都有責任。在這段期間，其他國家是否一直準備接手？杜磊指出，挪威人在1990年代初期，曾經向法國提供高價的原物料，因為羅納普朗克公司必須維持供應來源的多元。但是，羅納普朗克公司後來中斷了和挪威人的合作，因為挪威人的競爭力明顯低於中國人，羅納普朗克公司因此和中國人成為長期合作夥伴。

由於購買成本降低，這家法國化工企業改善了獲利。這點同樣對羅納普朗克公司的客戶有利，因為客戶渴望以更低成本取得精煉的稀土。

時任美國氰特（Cytec）化學公司商業主任的丟莫索（Jean-Yves Dumousseau）向我們解釋：「其他地方的稀土取得成本，比我們繼續向中國購買高得多，中國開出的價格只有四分之一！這個理由在稀土上成立，在電子產品、牛仔褲等也成立……所有東西都成立……抱歉，但事情就是這樣。」[23]

在拉洛歇爾市幾千公里外的中國，稀土年產量超過十萬噸，因而取得獨占地位，且中國工人不計較工作環境如何。丟莫索證實：「分離稀土的部門不受控管，也沒有安全程序。在精煉廠，工人進行攝氏七百度的電解，完全沒戴防護罩，只穿著夾腳拖鞋和短褲！真是胡鬧！」[24]丟莫索承認，簡單來說，「世上有一些我們不想要的胡鬧之事，這件事就是。」

新世界的分工布局

在訴說羅納普朗克的傳奇故事時，很難不引起評論家對於世局「混沌」的哀嘆，因為那些事件的運作方式不是我們大腦的認知功能可以理解的。因此，評論家常會提出強烈區隔的說法，讓那些難以形容的無秩序狀態，變得清楚易解。所以，就有了北方國家與南方國家、曾被柏林圍牆分開的東邊與西邊、發展中國家與已開發國家、東方與西方、自由世界對邪惡軸心、「舊歐洲」對抗耳目一新的「新世界」等等的說法。

但或許還有一種更強烈、更基本的區隔，這個區隔建立於三十年前，而且是我們刻意如此安排的。這個區隔不是因〈凡爾賽條約〉、維也納會議或雅爾達會議而生，簡單而言，這是中國和西方國家之間自然產生的工業秩序。

我們在知名的〈桑默斯備忘錄〉（Summers Memo）找到正式承認這個區隔的開端。這份備忘錄是由世界銀行首席經濟學家桑默斯（Lawrence Summers）於 1991 年所寫。在這份內部文件中，桑默斯建議：已開發經濟體可將其汙染工業，出口至貧窮國家，特別是「人口稀少、大致上汙染程度低的非洲國家」。桑默斯指出：「這是無懈可擊的經濟邏輯。」[25] 在備忘錄外洩而被要求解釋時，桑默斯辯解說，那只是一種反諷的講法。然而，桑默斯的講法完全符合現實：西方社會受制於「零風險」的目標，任何種類的工業活動在法國與整個西方世界，都慢慢遭到禁止。[26]

以歐盟新化學品政策（REACH）為例，這項歐洲規範羅列出超過三萬種化學物質，旨在將「與這些化學物質成分有關的消費商品，所可能衍生的衛生風險」降至最低。[27] 這對於確保歐洲五億公民的生活品質，是個傑出的進步，尤其是對各種工業的從業員工。美國、加拿大與墨西哥 2007 年簽署的〈蒙特貝羅協議〉（Accord de Montebello）立意相同。〈蒙特貝羅協議〉以公共衛生為目標，要求簽署國於 2020 年之前，列出北美所有商業化的化學產品清單。[28]

但這些關於環境安全的新要求，同時強烈影響了西方工業的動力，西方的公司被迫停止製造大量變得非法的材料。[29] 從今以後，就由其他國家取代西方國家製造這些材料，並最終販賣給西方國家。

同樣的邏輯適用於綠色科技。在二十世紀的最後二十年，中國和西方國家在未來的能源與數位轉型上，完全分工合作：中國弄髒雙手，以製造綠色科技的元素，而西方國家向中國購買這些元素，並能夠誇口自己國家遵守良好的環保慣例。換句話說，世界就如同桑默斯希望的那樣：弄髒的一方和假裝乾淨的一方。

這就是隘口礦場與拉洛歇爾傳奇故事，給予我們的教訓：西方國家將稀有金屬的礦場與工廠轉移至中國，送走了汙染。[30] 我們很刻意、很有耐心的建構一套系統，能使我們把「排泄物般的骯髒事」移轉得愈遠愈好，而中國人不但沒有捏住鼻子，反而熱烈歡迎這個倡議。有一位加拿大稀有金屬業者算是厚道，[31] 他證

實：「我們可以感謝他們，為了代替我們生產這些金屬，而蒙受環境的破壞。」

我們要小心避免反資本主義的言論：我們這裡討論的國家，都是自由自主選擇這個制度，特意將自己的經濟體專門化，以獲取大量利益。市場的全球化是有利許多人的進展，但中國人卻承認另一件事，正如北京這位學者所說：「大家讚賞中國遵從由西方制定的、那個時代的全球秩序，但中國也遭受損失。若以成本／獲利的分析角度來思考，我們取得的利益未必是實利。」[32] 憑藉這項協定，北京確實漂白了骯髒的礦石。將稀有金屬可疑的來源隱藏在中國，使環保科技與數位科技能夠獲得良好的名聲，這確實是史上最神奇的漂綠行動。

當然，西方的業者都是共犯，一名法國業者表示：「西方業者不在乎礦石開採與精煉的環境，他們唯一感興趣的是以更低的價格購買。」西方業者也不想讓我們曉得，在能源與數位轉型幕後上演的人道悲劇。因此，儘管美國蘋果公司是稀有金屬的主要消費者，但是在 2018 年的年度報告中，卻沒有一次提到「稀土」、「礦物」或「金屬」。[33] 至於電動車重要製造商、美國特斯拉公司 2019 年的環境報告，則對這些資源相當低調，雖然提到剛果民主共和國的鈷礦，卻隻字未提對環境的影響。[34]

消費者本來可以起義造反，藉由不購買來抵制某項商品。擁有權力讓市場轉向和使行事做法進步的，主要是消費者。有關這個議題的資訊並不少——已有許多紀錄片討論電子產品可怕的環

境影響與社會影響，非政府組織公布的相關報告亦不計其數。[35]
因此，消費者必須對業者施壓，使他們製造出更環保的商品，例
如 Fairphone 品牌的可維修手機。[36] 選民也能夠向執政者施壓，促
使政府加強對電子產品的規範。然而，消費者卻似乎什麼都不知
道、也不想知道，因為聯網的世界比乾淨的地球更重要。

　　但希望還是存在的：從 2015 年起，法國新增一項關於消費
的法律，要求業者向消費者告知可拆卸零件的資訊。在美國，有
關「維修權利」的法律愈來愈多，嚴格要求電子產品業者讓維修
更便利，例如提供消費者說明書。[37] 同樣的，維修小型家電的公
民倡議，這幾年開始出現，例如「重啟計畫」（Restart Project），
自 2013 年成立以來，這間位於倫敦的社會企業，已經在全世界
舉辦上千場活動，參加者可學習維修有瑕疵的電子產品。[38] 在美
國，IFixit 這個線上平臺，提供超過五萬個免費課程，教導消費
者自己動手維修手機和汽車等。[39]

　　現在，歐洲和美國都想漂得比白更白。歐洲制定目標宏大的
〈2030 年氣候與能源政策綱要〉，[40] 而美國於 2017 年打破了二氧
化碳排放的減量紀錄。[41] 但是，如果所有造成汙染的產業都回到
歐洲，我們還能達成這樣的目標嗎？絕對不可能！環境責任的
轉移已經發生（我們之後還會談到這一點），[42] 因此我們可以提
出以下的問題：西方國家主導對抗氣候暖化的協商，仍像他們所
宣稱的一樣合理嗎？2015 年聯合國氣候變遷峰會（COP 21）難
道不是應該在北京、剛果民主共和國首都金夏沙、或哈薩克首都

阿斯塔納舉行，而非巴黎嗎？法國人是否更有立場，像總統馬克宏一樣大聲疾呼「讓地球再次偉大」？

事實上，我們表現得就像某些公司，向股東吹噓龐大的營業額，但將巨大的債務隱藏在加勒比海的祕密子公司。這些「紀錄以外」的操作可能變成做假帳，許多公司和老闆都因此遭判刑。同樣的，我們自豪於先進的環保法規，但卻將電子廢棄物送至迦納的有毒垃圾場，將輻射廢棄物出口至西伯利亞深處，將稀有金屬的開採外包給世界各地。

簡而言之，我們將自己本應承擔的損失，掩飾為淨利。

富足新時代的幻象

1990 年代的背景，大大有利於這樣的角色重新分配。1990 年代初期，美國老布希總統和英國首相柴契爾提倡「和平紅利」一詞：由於冷戰結束，軍事支出的降低[43]衍生出和平與經濟繁榮的新時代。當時盛行的氛圍是樂觀，甚至是陶醉，以致原本因預期常有軍事衝突、而在自家軍火庫打造了稀有金屬庫藏的國家，開始思考是否還需要保存這些戰略性庫存。

戰略性的庫存是一種儲蓄帳戶：當前景黯淡時，我們會累積儲蓄金，以抵禦可能發生的嚴重危機；當前景樂觀時，我們會動用資金，以享受當下。在當時樂觀的氛圍下，我們目睹了將戰略性庫存變現的全球現象。[44]首先在法國，存放於法蘭西銀行金庫

的鉑和鈀庫存，不久後被左派和右派政府出售。接著在美國，價值數百億美元的稀土、鋰、鈹礦藏，被變換成現金。[45]

不過，西方國家的庫藏變現，比起前蘇聯及其衛星國家，仍算是小巫見大巫。例如史上最大宗的鈀金存品，當初就是從這些鐵幕國家廉價祕密出售，並透過蘇黎世經手，轉往世界各地。一名前基金經理人表示：「開始時是透過瑞銀集團（UBS）和瑞士信貸集團（Credit Suisse），後來交付給包括珠寶業在內的許多終端客戶。大型貿易公司也會購買鈀礦，如嘉能可（Glencore）和托克（Trafigura）。」[46]值得注意的一點是：北京在 1990 年代執行的反而是累積庫存策略，且購買了相當分量的存貨。

大量額外的原物料突然易於取得，導致價格持續下跌，且使人有商品源源不絕的錯覺。原物料國際貿易的限制解除，顯然加強了這個富足新時代的幻象。礦業的客戶當時只有一個考量：以最低價格取得稀有金屬。

這個幻想中的富足，不久後使業者偏離了他們最重要的任務之一：熟悉資源的來源與掌握供貨通路。我們在木材業得以觀察到這種現象。在法國，木材加工業的人不太清楚木材來自哪裡，生產鏈的分裂和愈來愈長的原木跋涉距離，都造成木地板業者、細木匠、木工，與原木失去了連結。結果是：中國突然買光法國橡木的那一天，沒人知道該去哪裡找新的供應商。[47]

香水也一樣。在 1950 年代，全球化與低廉的勞工成本，促使香水業者放棄普羅旺斯「世界香水之都」格拉斯（Grasse）種植的

花朵，而轉向埃及、印度、保加利亞生產的較次級香料。一名專業人員解釋：「香水販賣的是概念，不是原料的品質。」[48] 這竟然成了香水業奉行的哲理！

以上這兩個行業的景況，多多少少也是使用稀有金屬的工業所發生的情形。「資源在任何時刻都取之不竭」這個假設依舊盛行。這個烏托邦甚至受到「及時生產」與「零庫存」教條的鼓舞。這兩個生產管理方法於 1962 年，由工程師大野耐一在日本豐田集團內部制定（我們因此稱為「豐田主義」），之後獲得全世界所有企管碩士課程傳授、以及大企業的實施。為了避免任何過剩，及時生產的規定要求「產品製造和銷售之間的時間愈短愈好」，意味著生產鏈的同步生產。零庫存為其結果：可拆卸零件和組件的管理，則交付給大量的外包業者。

如此一來，運送原物料相關的風險，實際上轉移至供應商身上，隨之而來的物流鏈複雜化，幾乎沒有使「原物料文化」更方便的從供應通路的一端傳播至另一端，因為除了和自己的前後端之外，所有的點都不會相互聯繫。這必定就是法國電子集團達利思（Thales，客戶為航太、國防、保安、陸上運輸，產品皆需要龐大數量的稀有金屬）為何會在 2015 年度報告〈原物料風險〉的開頭，很天真的表示：「達利思直接消費的原物料很少，集團暴露的原物料風險微不足道。」[49]

是虛偽？還是毫無知覺？無論如何，豐田主義助長了業者面對「金屬風險」的去責任化。

拱手讓出礦物主權

　　理所當然，對業者至關重要的，對國家也是。在缺乏遠見和輕率的情境下，西方國家的政府逐漸擱置了所有礦業發展策略。

　　在共產集團解體之前，法國其實並未令人失望。法國地質與礦物調查局（BRGM）曾是以礦物開採相關專業而舉世聞名的公家機關，它甚至在 1973 年和 1979 年兩次石油危機中獲利，這兩次危機也使法國執政者瞭解到資源稀少的風險。在當時工業部長吉羅（André Giraud）的提議下，法國政府於 1978 年展開大規模的法國礦物盤點「金屬計畫」，該計畫推動了地質礦物局的重大活動。前員工仍以懷舊的心情說到「地質礦物局的大時代」：當年的地質礦物局頗具組織規模，且政府當局積極支持地質礦物局在法國本土和法屬圭亞那的礦業開採方案。[50] 地質礦物局光是開採部門，即聘雇兩百五十人，甚至在非洲法語區、葡萄牙、加拿大魁北克，皆可提供協助。[51]

　　接著，在 1990 年代，法國礦物盤點結束，地質礦物局的動力開始下降。開採活動於 2000 年左右停止，[52] 這是所謂「法國礦業之冬」的開始。一名前任公務員回憶道：「我們有金、鋅、鎢、銻、銀！但投資者變少了。」[53] 沒有關閉的礦場也遭遺棄，造成許多社會問題和家庭悲劇。這位前任公務員繼續指出：「礦業在法國 GDP（國內生產毛額）中的占比一直都不重要，但是，把每座礦場幾百名員工相加，所有的職位數量也不少。最後，我

們失去的是整個產業,這還沒算進我們的礦物主權,也就是我們對自己的工業供應礦物與金屬的能力。」

這個急轉直下的趨勢,同樣出現在所有西方國家,只要看一眼概括全世界礦物生產近期歷史的圖表,就足以瞭解。1850 年歐洲生產全世界將近 60% 的金屬,然後動力逐漸下降,直到現在這個比例只占約 3%。美國的生產在 1930 年代達到高峰(占全球生產量近 40%),現在幾乎已活力不再(僅約 5%)。[54]

回到歐洲:法國於 1971 年、1994 年與 2008 年出版的三份《國防與國安白皮書》,沒有一次提到稀有金屬的供給,但稀有金屬卻對軍事科技至關重要,必須等到 2013 年的白皮書才出現稀有金屬一詞。[55] 而法國情報單位對這份文件,幾乎毫無興趣。前情報主任朱伊業(Alain Juillet)坦承:「國家從未要求情報單位朝這個方向進行任何行動,我相信對外安全總局(DGSE)和這些問題的距離非常遙遠。」然而,根據幾項一致的消息來源,前情報人員首腦馬霍雷(Alain de Marolles)曾於 1970 年代說服當時的法國情報局長馬倫許(Alexandre de Marenches),將八種具戰略價值的礦物,列入有供應風險的金屬清單內。之後馬倫許離職,馬霍雷遭解雇,他們的接班人則對這個目標沒有興趣。[56]

因此,三十年即足已進行完全的策略轉向。在那之前,國家力量的主要手段之一,在於開採自己的重要資源,或者若是國內沒有資源,就要在國界之外利用一切,確保資源的供應。以石油為例,二十世紀初,英國第一海軍大臣邱吉爾,將皇家海軍戰艦

的動力從燒煤炭轉換為燃油，他同時尋求從地中海東部確保英國石油的供應，英國政府因此大力參與英波石油公司（Anglo-Persian Oil Company）的營運，並且控管波斯地區所有和水路相連的巨大油管。

在第二次世界大戰後，美國發覺自己的石油存量將無法滿足漸增的能源需求，他們轉向擁有大量原油庫存的沙烏地阿拉伯。美國總統羅斯福與沙烏地國王伊本沙烏地（Ibn Saoud），於 1945 年 2 月 14 日簽署〈昆西協定〉（pacte du Quincy），使華盛頓不久後得以享有取得利雅德石油的優先權，條件為提供軍事保護。

同樣的，阿爾及利亞與加彭這兩個礦產豐富的國家，得到法國所有的關注。另外在食品方面，在世界貿易組織的談判中，藉由限制農業市場的開放，巴黎總是能成功維護部分主權。更不用說民用核能計畫了。

開採自己的資源，或從海外確保資源的持續運輸——這兩個基本規則，數千年來主導著所有的能源獨立策略。然而，直到今日，這兩個規則都沒有應用在稀有金屬上。我們或許可爭論：和我們消耗的數量龐大的碳氫化合物相比，稀有金屬所需數量微不足道。不過，就像之前所說的，這些金屬既隱密又至關重要。個別來看，地球上每位居民每年只消耗二十克的稀土，但若是沒有這些地殼的小碎片，世界將大幅變慢。

自 1970 年代起，我們就做了如今這條路的科技選擇，但卻很少有高瞻遠矚的人士，思考到稀有金屬的重要性。

稀有金屬戰爭

「完全仰賴他人，且貫徹到底」──不久之前這似乎是完全自殺性的政策，現在卻成為最廣泛接受之事。這絕對是市場的短期主義作祟，如同一位美國專家所說，「西方國家不再擁有長期策略，稀有金屬也不例外。」[57] 此外，還要加上專屬法國自身的因素：法國擁有充足的礦物、農業和漁業資源，對依賴性的敏感度一定不如日本等國家。日本人被迫發展貿易文化，並建構可靠的供應通路，以彌補地底資源的不足。而且，法國也不是重商主義的國家，因此從未發展出有關稀有金屬市場的經濟智慧文化。有專家分析：「法國的 DNA 沒有能力因應資源匱乏的情況。」[58]

獲得購買力，卻失去消費知識

簡而言之，我們要尊重某個大洋洲先人開啟的貨物崇拜。請記得：在十九世紀末到 1940 年代之間，美拉尼西亞人（主要散布在巴布亞紐幾內亞、斐濟群島、新喀里多尼亞的許多族群）突然與西方社會接觸。首先接觸的是亟欲征服與獲利的法國和英國殖民者，接著是涉入太平洋戰爭的美軍。這些新占領者有一個共同的關心重點：能夠定期獲得食物和材料供應。殖民者從此建立了廣大世界和這些小島相連結的物流網絡。

當這些美拉尼西亞人看到船隻的到來，接著是飛機、滿載寶藏的貨船，你可想像一下他們的驚愕。我們也猜得到，他們看到利用這些貨物的明顯便利，必會感到驚奇：無線電操作員只要在

90

自己的崗位上許個願，藥品、食物和設備就會登陸上岸，或從天而降，就像施展魔法。美拉尼西亞人當然完全不懂這些補給品背後的工業組織，但是，既然只要如此這般的「許願」就能獲得，他們便依樣畫葫蘆，模仿起西方人。美拉尼西亞人製造出虛構的無線電話站，以傳達指令，規劃假的降落航道，然後等待他們的要求能獲得滿足，等了非常非常久。西方人稱這些儀式為「貨物崇拜」。[59]

　　在二十一世紀、世界的另一端，我們的社會雖然理性又物質主義，卻沉浸在類似的崇拜中。物流的巧妙成功，使我們擺脫祖先七萬年來揮之不去的恐懼：缺乏。但一切皆有代價，供應鏈的全球化給了我們一個好處（消費產品），同時拿走另一個優點（產品來源的文化）。我們獲得購買力，卻失去消費知識，這就是為何會有一千六百萬名美國成年人一直相信，巧克力牛奶是棕色乳牛所生產。[60]

　　但還是有人樂於見到西方國家的沉睡。我們將稀有金屬的生產轉移至國外，我們做的不只是將二十一世紀的石油負擔，遺留給全球化的奴隸，我們是將寶貴的獨占地位交付予潛在的敵人。

第 **4** 章

非常禁運令

1992 年春天，鄧小平在參訪白雲鄂博礦場時，

說出這個預告性的箴言：

「中東有石油，中國有稀土。」

一切都說得非常清楚。

　　派對正全力進行。西方人高唱著環保新轉型，而身為能源與數位轉型聽話奴隸的中國礦工，在江西省深處辛苦挖掘礦石。最卑微的工作朝著中國前進，而我們在關注著高附加價值產業。我們是遊戲規則的大贏家，而這些規則是我們自己制定與實施的。

　　但是，有一天，西方國家的一個瀕危物種的代表——地質學家，前來激怒我們。他們交給我們數疊的數據報告，讓我們面對不愉悅、惱人的現實：中國已成為若干稀有金屬的主要生產國，從現在起，他們擁有前所未有的機會，拒絕出口稀有金屬至最需要的國家。

 ## 北京，稀有金屬的新主人

　　美國內政部管轄的美國地質調查局，職權為研究礦物資源，每年會發表一份至關重要的報告《礦物商品摘要報告》。分析師在報告中詳細研究九十種現代經濟不可或缺的原料，兩百多頁的報告內容有可得資源、全球存量，特別是原料開採在全世界分布情形的數據。

　　但是最後一項事實令人震驚：美國地質調查局告訴我們，北京生產全世界所消耗 44% 的銦、55% 的釩、將近 65% 的螢石與天然石墨、71% 的鍺、以及 77% 的銻。[1] 歐盟執行委員會也有自己的清單，且情況類似：中國生產 61% 的矽與 67% 的鍺，鎢的占比達到 84%，稀土更達 95%。歐盟執委會的結論很簡短：「在

許多重要原物料的全球供應方面，中國是最具影響力的國家。」[2]

繼中國之後，實行礦物專門化邏輯的無數國家，同樣獲得很重要、甚至獨占的地位。剛果民主共和國生產 64% 的鈷，南非供應 83% 的鉑、銥、釕，而巴西開採 90% 的鈮。歐洲同樣仰賴美國，美國生產超過 90% 的鈹。此外，俄羅斯控制 46% 鈀的供貨，土耳其供應 38% 的硼酸鹽。這些國家各有礦產在全世界占相當程度的比例，能夠造成短暫缺貨與價格強烈波動的局勢。

對北京而言，稀有金屬的自給自足，首先是生存問題。和美國一樣，中國是最擔心自己供貨安全的國家。[3] 事實上，中國不只是全世界最大礦物生產國，也是主要的消費國 [4]——中國消耗了全球產量 45% 的工業金屬，[5] 且同樣消費龐大數量的農業原物料、[6] 石油、奶粉，甚至波爾多的葡萄酒（參閱〈附錄 9：中國的原物料消費量占全球消費量的比例〉）。

中國的政治策略家特別熟悉這些礦物主權的挑戰：鄧小平在法國求學期間，曾在勒克勒佐（Le Creusot）的鑄造廠工作過。[7] 至於鄧小平的接班人，「六位最近的國家主席和總理中，除了現任總理（李克強）為法學專家，所有領導人都受過工程教育：電力學、水力發電學、地質學、化學工程。」[8] 一名自然資源的策士如此強調。尤其溫家寶，於 2003 年至 2013 年擔任胡錦濤的總理，他是受過專業教育的地質學家。

在穩定的專制政治制度下，鄧小平和這幾位接班人，擁有長時間的耐心與決策一致性，得以為雄心勃勃的原物料供應安全政

策，奠定堅實的基礎。

這套策略採取的是壓路機的方法：幾十年內，中國已在領土內大開礦場，並開展「一帶一路」（絲綢之路經濟帶和二十一世紀海上絲綢之路）的計畫和相關建設，以便能擁有遠至非洲的商品供應通道，且在基本商品產業進行企業併購。隨著北京擴張勢力範圍，全球市場與地緣政治平衡均遭到顛覆。因此，中國不只是成為稀有金屬市場的參與者，也確實已演變為這些市場的製造者。

中國的優越地位已如此重要，以致從今以後，所有北京的決策必然對全世界產生影響。中國礦物生產量的波動，會導致全球供需運作順利的齒輪卡住；中國內需的突然增加，也足以造成嚴重的供貨中斷。鈦已出現過類似情形（中國供應全球產量約50%的鈦）：2006年至2008年間，中國的消費突然增加，導致鈦價格增為十倍，[9]且使法國達梭航太（Dassault Aviation）集團面臨嚴重的供貨困難。[10]

 為中國外交政策服務的金屬武器

北京迅速瞭解到，中國已掌控稀有金屬所賦予的強力槓桿。思考一下，石油輸出國組織（OPEC）的十四個會員國，數十年來能夠強烈影響原油價格，但「只」占全球石油產量的41%。中國擁有某些稀土金屬高達95%的全世界產量，而稀土金屬是特別受到渴求的稀有金屬種類！一位澳洲專家觀察道：「這是打了類固醇

的石油輸出國組織。」[11] 當一個國家瞭解到這樣的優勢，它會怎麼做？嗯，它會開始制定更具侵略性的目標。

這就是中國所做的事。鄧小平於 1992 年，宣布了稀有金屬方面的敵對貿易政策指導方針。中國人常帶著滿意的假笑，在貿易會議或原物料高峰會上，引用鄧小平的言論。1992 年春天，鄧小平在參訪包頭市白雲鄂博區的稀土礦場時，說出這個預告性的箴言：「中東有石油，中國有稀土。」一切都說得非常清楚。

在 2000 年左右，稀有金屬市場的謹慎觀察家注意到，有事情不對勁了。中國稀土出口的配額 2005 年定為六萬五千噸，從隔年開始下降至略低於六萬兩千噸。2009 年，北京只出口五萬噸，而 2010 年的官方數據只有三萬噸。[12] 對於擁有不成比例產量的其他稀有金屬，中國同樣如此。舉例而言，2001 年 8 月，中國制定了出售鉬給歐盟的配額。

中國於 2007 年至 2008 年間，特別課徵了一系列禁止性的出口稅。[13] 我們分析了其他國家向世貿組織提出、針對中國商業行為的訴訟，就能釐清整件事：過去二十年來，中國遭控實施系統性限制稀有礦物出口的政策，種類多元，包括螢石、焦炭、鋁礬土、鎂、錳、黃磷、碳化矽與鋅。[14]

2000 年代期間，從雅加達到洛杉磯，從約翰尼斯堡到斯德哥爾摩，所有人都開始感受到漸增的中國壓力。當時在中國工作的丟莫索（見第 79 頁）表示：「每個月，我們都很憂慮，想知道釋出的新配額是多少。」[15]

日本的高科技產業須耗費大量稀土金屬，日本人甚至被以更坦白且殘酷的方式告知。一位和我們在東京會晤的日本外交官匿名指出：「2004 年，我參與多場日本工業部和中國政府代表之間的會議。我們主要提出稀土的問題，中國一再向我們清楚表示，他們隨時可以關閉供貨的水龍頭。」

一名法國專家證實：「很清楚的是，更嚴重的危機有一天會爆發，使我們受害。」但是，別忘了，一個國家擁有可觀產量的戰略性資源，為了獲取商業、外交或軍事利益而實施禁運，二十世紀難道不是滿滿的例子嗎？看看較早之前的案例：

1930 年代，美國對納粹德國實施氦氣禁運（美國為唯一生產國），因為納粹已使用這種氣體讓可載人的齊柏林飛船升空，美國擔心納粹有一天將氦氣用於侵略性的目的。

1973 年，為因應贖罪日戰爭，石油輸出國組織頒布對以色列及其盟友的石油禁運，引發史上第一次石油危機。

1979 年，在蘇聯入侵阿富汗後，美國總統卡特凍結對蘇聯的一千七百萬噸穀物出口。[16]

更為近期，國際媒體大幅報導俄羅斯在外交緊張的背景下，終止對波蘭與烏克蘭的天然氣出口。[17]

在石油武器之後，在穀物武器之後，在天然氣武器之後，該來的總是會來：中國啟動它的稀有金屬武器。2010 年 9 月，北京頒布了稀土的非常禁運令。

這是能源與數位轉型的第一次禁運。

稀土戰爭開打了

　　晴天霹靂的起源是日本與中國之間關於釣魚臺列嶼（日本稱為尖閣諸島）的長年爭執。釣魚臺列嶼由五座小島與三塊岩礁組成，位於臺灣東北方的東海上。就這樣？是的，但是釣魚臺蘊藏龐大的碳氫化合物，這是兩大亞洲強權自十九世紀末，即對此虎視眈眈的原因。

　　1895 年第一次中日戰爭後，日本從中國手中奪走釣魚臺。接著在第二次世界大戰後，釣魚臺受到美國管轄，直到 1972 年才重回日本懷抱。然而，中國始終聲索這些土地的主權，導致日本極度不悅。2010 年 9 月 7 日，一艘中國籍漁船在釣魚臺外海撒網捕魚時，日本海巡隊將此侵入行為視為挑釁，並追逐漁船。接下來的景象（被拍攝下來並放上網）[18] 至少可說是令人驚訝：中國船長拒絕投降，並駕駛船隻衝撞日本巡邏艇。日本海巡隊將中國船長逮捕，這在中國引發驚天的反日浪潮──很擅長迅速點燃任何最微小民族主義火苗的中國媒體，知道如何維持民眾憤慨的情緒。

　　奇怪的是，兩週後的 9 月 22 日，預計運往日本的中國稀土全部中斷，但北京並未正式頒布任何禁運令。和我們於北京會面的中國稀土行業協會副祕書長陳占恆表示：「漁船事件催化了我們的民族主義直覺。許多中國企業因此自行決定停止對日本的貿易運輸！」陳占恆轉述了中國官方的狡詐說詞：「就官方而言，

從來沒有禁運。」官方的考量是：不要惹惱世界貿易組織。

事件發生一年後，日本業者依然不相信中國官方的說詞。

在紫禁城兩千公里外，從東京車站出發往西的新幹線（日本高鐵）會繞過富士山，富士山圓錐形的輪廓在秋日天空中，顯得特別突出。四小時後，日本第三大都——大阪，已在我們眼前，露出它那延伸至太平洋岸的觸手。我們訪問到稀有金屬的進口商人藤田邦宏。在工廠倉庫裡，藤田邦宏告訴我們他的事件版本。他保證：「中國一直實施持續性的策略，利用它的自然資源，做為政治施壓的手段。」

藤田邦宏穿著深色西裝，頭上戴著工地安全帽，走向釹的庫存。釹是一種用於精密電子產品的稀土金屬，而 2010 年 9 月，釹的訂單突然不再交貨。他坦承：「日本產業陷入恐慌。」

稀土是高科技產業的「維生素」，對日本而言，是如此的不可或缺，「甚至清潔婦都知道那是什麼。」[19] 海上的衝突事件，對東京而言，竟變成一場災難。

危機不久後轉為全球規模：數天後，輪到諸多歐洲國家與美國的稀有金屬進口商，因中國出口量的驟降而陷入困境。從來沒關注過這些稀有金屬的西方媒體，開始強力報導這個主題。評論員強調著「國際緊張情勢」、中國與日本之間的「角力」、取得這些金屬的「戰爭」，這些金屬「對尖端產業至關重要」且「比黃金珍貴」。[20] 歐盟執委會歐洲貿易委員的發言人強調，稀土對歐

盟執委會是「重大問題」，呼籲中國「應讓市場不受阻礙，持續運作」。[21] 時任美國國務卿的希拉蕊，在夏威夷舉行的一場記者會中也提及此事，並宣布近期將出訪中國，以緩解危機。[22] 數週後，法國費雍（François Fillon）總理的環境部長博洛（Jean-Louis Borloo）發布一項命令：設立戰略性金屬委員會（COMES），負責評估對法國產業不可或缺的金屬的供貨中斷風險。最後，在白宮的階梯上，美國總統歐巴馬宣布，將向世貿組織對北京提出訴訟。

稀土戰爭開打了！

在大阪，藤田邦宏證實：在中國船長遭逮捕的六個月後，日本業者仍持續承受非官方禁運的後果，直到中國人瞭解到，這可能回過頭來導致「日本製」的高科技消費商品缺貨，因為在缺乏稀土資源的情況下，日本人再也無法出口這些商品！[23]

但是在打破僵局以前的這段期間，稀有金屬市場瀰漫一股強烈的恐慌感，也引發了西方國家對北京操作手法的憂慮，以及某些中國貿易商的投機行為導致價格大幅上漲，[24] 接著導致稀土以外的其他稀有金屬出現同樣現象。

在世界各地，快遞業者、貿易商和進口商耗費大部分時間，試圖向他們的中國供應商強求脆弱的供貨承諾，或重申這些前所未見的紛擾對下游客戶造成的影響。[25]

藤田邦宏表示：「這簡直瘋狂！供需的自然法則，在這裡再也不相關。」

到白金女王的福坑一遊

這個新的「金屬風險」並不只發生在中國的出口政策上。在亞洲、在非洲、在拉丁美洲，強大的「礦物資源民族主義」現象也在逐漸削弱西方國家的優勢。

在我們看來，這股海嘯的全球化現象，在非洲最偏僻的地區最為明顯。從南非經濟首都約翰尼斯堡，開車三小時，經過大片充滿灌木的大草原，就來到位於西北省的福坑（Phokeng）。在這個被灌木叢圍在中央、住著一萬五千居民的偏遠部落，一切看來正常，然而一切卻又不一樣。壯觀的圖騰與多色旗幟，豎立在空中，裝飾著代表鱷魚的圖案。我們甚至看見一群男性，穿著藍色制服，他們是巡邏街道的巴福肯（Bafokeng）王國的皇家警隊，而街道則維護得完美無瑕。

沒有海關、也沒有邊防站，沒有任何告示牌顯示我們在幾公里前，越過了巴福肯王國的無形邊界。巴福肯人的這片國土有兩千平方公里，和法國艾松省一樣大。

巴福肯王國是「彩虹國度」的一部分，擁有特別的治理體系，並有自己的行政劃分、部落組織、自主的預算和固有的權利。我們造訪這個部落的原因，是基於地下數百公尺處，蘊藏了隸屬於鉑系的大量金屬礦藏：釕、銠、銥、鉑（白金）等。這些珍貴且稀有的金屬，擁有多元的用途，如珠寶業、實驗室器材、或汽車的觸媒轉化器。

一離開福坑，我們就必須穿越鄉間，以抵達北方數公里處的萊西蒙（Rasimone）礦場。地上滿布從地底挖出、散落各處的岩石。鉑精煉廠也豎立在灌木叢中央，大量的廢鐵聳立於丘陵起伏的風景之上。這些設施連接了交錯的鐵路，火車拖著裝滿碎石的貨櫃，在鐵路上扭動。

礦工主任司瓦內波克（Dirk Swanepoec）驚嘆道：「我剛到的時候，我們只挖一層，現在我們已經挖了十層！」司瓦內波克是為礦物開採公司英美鉑業（Anglo American Platinum）工作的一名南非白人。在他的辦公室幾步之外，數十名穿著制服、頭戴工地安全帽的礦工，從岩石中所挖出坑洞內的自動人行道上離開。他們剛以氣壓鑿孔器挖洞，並用炸藥炸開洞穴。礦石一出到地面，就會被壓碎至含有鉑的礦石顆粒，之後浸入摻有特用化學試劑的水中、倒入其他容器、乾燥、熔化、精煉，主要是為了取得鉑。司瓦內波克證實：「我們每個月開採二十萬噸的礦石，而每一噸有約四至七克的鉑。」

巴福肯人坐擁全世界最大的鉑礦藏。當這個「露水民族」因土地肥沃，而於十五世紀在這個區域定居時，他們完全不知道寶藏的存在。1870 年，莫加特爾國王（Kgosi Mokgatle）得益於臣民在鄰近的金伯利（Kimberley）鑽石礦累積的大量財富，購得了當今國土的前九百公頃。到了 1924 年，他們才在地下發現鉑系金屬的存在。

巴福肯人曾經遭受種族隔離政策的錯誤對待，原住民也被

禁止擁有土地。在民主南非誕生之後，巴福肯人展開針對英帕拉（Implats）白金公司的長期司法對抗，英帕拉公司之前侵吞了開採的所有收益。他們成功了：巴福肯人今後享有 22% 的礦區使用費收入，甚至取得了 13% 的礦業資本股份。[26] 這是第一次，南非的族群在對抗礦業公司的角力上獲勝。

年輕的莫洛萊吉國王（Kgosi Leruo Molotlegi）是王朝第三十六任最高統治者，他從 2000 年開始掌權，並由具象徵作用的母后輔佐。塞曼娜（Semane Molotlegi）是非洲僅存的王后之一，她幾乎不出現在媒體面前，外國記者能夠與她會面是很罕見的事，但我們曾有幸觀見到她。

我們都打扮得正式而整齊，面對我們的是一位五十多歲的美麗婦人，穿著優雅傳統的彩色服裝，說話語調平和。我們滿懷敬意的稱呼她 Mmemogolo（札那語中的「奶奶」），並談到她曾經在世界各地旅行，努力讓世人瞭解巴福肯族人的成功。

西方企業前來、耗盡資源之後離開──這可說是原物料的詛咒。但事實上，巴福肯人證明這個詛咒有誤。巴福肯人反倒成為非洲最富有的部落，且甚至計劃要擴展經濟領域至礦業之外。[27] 巴福肯人實行了可以列入教科書的策略：在對抗礦業公司的角力中，白金民族凸顯了生產者相對於購買者的優先地位，凸顯了擁有資源主權的主人相對於散布世界各地的客戶的優先地位。前所未有的是，讓一間跨國企業付出代價的，不是一個國家，而是一個「單薄的」非洲部落。

礦物資源民族主義復興

巴福肯人可能不願意說，這是礦物資源民族主義的勝利。但無論如何，這是個「重新平衡」的教案，甚至是傳統勢力關係的翻轉。礦業公司可說是西方消費者的代理人，習於執行自己的律法，但他們已瞭解到，今後形勢將愈來愈常對他們不利，而他們必須調適。巴福肯人的成功經驗，已成為國際益發關注的焦點，世界銀行、世界經濟論壇、聯合國所屬機構、以及美國學者，都紛紛來到福坑訪問、取經。[28]

這樣的例子不只一個，揭示了在各大洲進展中的全面趨勢。現在，愈來愈多國家拒絕外國礦業公司開採可能有豐富含量的礦藏。例如蒙古政府於 2013 年阻擋了力拓（Rio Tinto）集團在戈壁沙漠中，奧尤陶勒蓋（Oyu Tolgoi）銅礦的開採。[29] 我們同樣見到一些國家禁止外國企業收購當地的礦業公司，例如加拿大的薩斯喀徹溫省於 2010 年，阻止英澳合資的礦業公司必和必拓（BHP Billiton）試圖收購全世界鉀肥的最大生產商——加拿大企業鉀肥公司（PotashCorp）。

此外，還有國家跨入傳統上為私募的礦業公司資本。卡達就是如此，卡達透過公營集團卡達礦業（Qatar Mining），增加像是在瑞士跨國企業超達（Xstrata）等集團中的投資。[30] 不過，這個波斯灣小國在開採業的積極作為，追求的是更黑暗的目標。[31]

特別應該提到的是愈來愈多對金屬自由貿易踩煞車的例子。

除了中國以外，一個特別的案例為印尼。2009 年，這個重要的礦業強國，對該國生產的幾乎所有原礦出口，頒布了一系列禁運令，公告於 2014 年執行，產品有鎳、錫、鋁礬土、鉻、金和銀。與我們在雅加達會面的一名印尼高級官員，辯護道：「我們必須確保原物料的主權。有關我們豐富礦藏的任何政治行動，都不應由外國政府決定和執行，而是由我們的政府。」[32]

還有許多其他例子，就像經濟合作暨發展組織（OECD，簡稱經合組織）所觀察到的一樣。經合組織關於原物料貿易的研究，列出了近期各國對基本產品出口頒布的限制，從 2009 年到 2012 年，共有超過九百件。[33] 經合組織也繪製出一張驚人的圖表，顯示自 1961 年以來，這類措施的數量演變：數據在 2005 年以前，停滯在相對較低的程度上，但曲線於 2006 年起大幅向上，此後即保持一致。

另外我們觀察到，清單內的所有礦石與金屬幾乎都遭受過限制令。光是阿根廷一國，就已經對三十七種礦物資源的出口設置障礙，而南非對銅、鉬、鉑與鑽石，印度對鉻、錳、鐵與鋼，哈薩克對鋁，俄羅斯對鎢、鋁礬土、銅與錫，皆設置限制。該如何解釋這個現象的盛行程度？

大多數的礦物生產國都是開發中國家。中產階級興起，社會更為繁榮與消耗更多資源，是治理者必須考量到的一項新事實。當地開採的資源必須先供應內需，而非滿足外國客戶，這是個頗為牢固的信念。

　　此外，還有環保意識與反對地方礦業計畫的抗爭行動逐漸崛起，之前這現象只在西方國家發生。這些公民運動迫使政府強化社會規範與環境法規，因而延後了礦場可開始開採的時程。

　　更廣泛而言，一股抵抗的文化從雅加達到烏蘭巴托，從布宜諾斯艾利斯到普勒托利亞（南非行政首都），皆開始成形。新中產階級受過更高教育，更加意識到廉價出售資源的不應當。政治領導階層當然也觀察到，已開發國家（常陷入經濟停滯）與發展中國家（有活力且渴望致富）的經濟重新平衡。保護主義措施因此成了在「去西方化」的世界中，證明力量的宣言。

　　這並不是新現象：從 1960 年代起，第三世界的獨立浪潮即伴隨著資源主權的聲索。[34] 在非洲，迦納於 1958 年將之前在英國人手中的阿善提（Ashanti）金礦國有化；隨後，剛果民主共和國於 1965 年加入行列，坦尚尼亞於 1967 年、尚比亞於 1970 年、辛巴威於 1980 年代也這麼做。接下來，倒是吹起一股自由的浪潮，必須等到中國對稀有金屬出口的配額政策，礦物資源民族主義才在五大洲再起、且更強化。一位美國專家觀察道；「中國激起了礦物資源的民族主義，且不只是在國內，而是在世界各地。」[35]

　　在這個情境下，再也沒有人會問是否會發生新的商業危機，而是問何時會發生。

　　稀有金屬業的中國權威吳瑋，在上海徐匯區一家高級飯店酒吧啜飲著茶時，坦承這樣的情節很有可能實現：「我寧願說是針

對日本和其他國家的行動手段,而非禁運。這些行動屬於由中國
政府主導、塑造我們形象的一個策略。這樣的行動未來可能再度
發生,無論是有關稀土或是其他金屬。」[36]

 ## 具影響力與造成危機的金屬

這情況可能由於稀有金屬市場的特性,而更加惡化:

▶▶ 如同我們之前所見,稀有金屬的市場首先極為有限:和重大
金屬相比(鐵、銅、鋁、鉛等),稀有金屬的生產量相對微
不足道。請想像一下,稀土金屬的全球生產量勉強只有鋼的
0.01%![37]

▶▶ 稀有金屬市場也是非常祕密的市場,只有少數的買家與賣家
在進行交易。然而,主要人物愈少,他們的行動愈可能擾動
供需的遊戲。因此,一個供應商不履約,就可能迅速引發消
費者方面的強烈恐慌。同樣的,一旦又出現任何需要消耗稀
有金屬的新科技,就可能導致突然的供貨中斷。

▶▶ 稀有金屬市場也是不透明的市場,本質就是隱密的生意與缺
乏正式手續。因此,除了少數在倫敦金屬交易所(LME)上
市的金屬,並沒有官方價格。一切都得經過談判,以達成協
議。買家常必須查閱專門的期刊或上微博,微博是中國的微
部落格社交媒體網站,經紀人與交易商就他們最近幾筆交易
的金額,進行通訊協商。

▶▶ 更糟的是，稀有金屬市場對礦業國家而言是戰略性的市場。
中國非常不願意提供某些礦物生產的資料，並將之視為國家
機密。[38] 由於存在著隱藏的庫存、地緣戰略性因素、外交考
量，使得分析稀有金屬市場特別艱難，即使是最好的專家也
是如此。

▶▶ 最後，供需的自由貿易因為只在乎自身利益的私人投資者的
介入，而遭受阻礙。一名專家指出，這些第三方現今可說是
染指了所有資源，「這些『原物料』的價值，大約是十年前的
六十倍」，[39] 此舉造成價格不穩定的程度升高。傳統上，投機
行為主要是針對基本的重要金屬來操作，[40] 但是稀有金屬市
場愈來愈無法倖免。一位銀行分析師舉例，涉入其中的有：
避險基金（如美國的 Tudor Fund）、資產管理公司（如荷蘭
的 PGGM Investments）、退休基金（如美國的品浩太平洋投
顧 PIMCO）、以及美國大學的財政單位（如哈佛大學與普林
斯頓大學）。某種金屬的地位愈重要，愈會帶來強勁的投機行
為，其中一個例子是：[41] 打賭鈷資源供應匱乏的投資者，於
2017 年購買了 17% 的全球鈷產量，即數千噸鈷，結果造成鈷
價格高漲。[42]

　　在極度敏感的稀有金屬市場上，幾乎不可能預測和冒進。吳
瑋強調：「稀土市場既不穩定、也無法預料。」
　　對任何國家與相關產業而言，若是稀有金屬無法規律供貨，

至少會期望要有穩定的價格，然後根據這價格，去制定初步的策略。可是，量與價如今都無法預期，唯一能預期的，正如法國地質與礦物調查局某位專家的總結：「稀有金屬是會造成危機的金屬。」

第 **5** 章

奪取高科技

法國人賣的不是葡萄，

而是葡萄酒，不是嗎？

對啦，中國人認為稀土有點像是

法國的葡萄樹。

對北京而言，礦產的獨占地位只是第一項勝利，中國很快就不滿足於此。事實上，中國開始貪圖產業鏈的下游，也就是使用稀土金屬的高科技產業。

超級磁鐵的戰役

先從磁鐵產業開始。

鄧特（Peter Dent）是磁鐵製造商電子能（Electron Energy）的主管。2011 年 7 月，我們前往電子能公司所在地，美國賓州的蘭迪斯維爾鎮進行訪問。鄧特帶領我們遠離倉庫，進入一間儲藏室。發出慘白燈光的螢光燈，照亮了房間。鄧特啟動計時開關，大聲喊出：「這就是稀土！」綠色的桶子散布在拋光混凝土上，桶中有形狀不規則、灰色、輕微腐蝕的沉重材料塊，其中有一些釤的樣品、釓的小球、以及無法唸出名字的金屬。花費數年追蹤這些物質、卻從未親眼見過任何一種的我們，就像發現黑鬍子下落不明的寶藏的海盜一樣。我們將在這個稀有金屬的保險箱中，徘徊很長一段時間。

更有趣的是隔壁的工作室。鄧特宣布：「這裡是加工房。」房裡充滿喧鬧聲，數十名員工整天製造著圓形的小物件：一再被提到、含有稀有金屬的電磁鐵。鄧特繼續說道：「我們就是在這裡，將最終的形狀與尺寸定型，這間工廠每年生產數十萬個電磁鐵。」在完善的製造過程最後，[1]磁鐵就像托盤上的小麵包一樣

排列整齊，接著小心堆放在推車上。

在 1970 年代中期以前，稀土及其他稀有金屬只有少數的工業用途。由於具有發光特性，稀土之前被用於打火機[2]或登山露營用的瓦斯罐。[3] 彩色電視螢幕的來臨，擴展了稀土的用處，[4]但顛覆一切的是稀土磁鐵──研發於 1983 年，這些科技的驚奇之物，的確變得對所有配備電動馬達的產品而言，不可或缺。而這些產品（例如電動車）以不製造汙染聞名。[5]

我們知道，電荷遇上磁鐵的磁場時，會產生使它運動的力。傳統上，磁鐵是由鐵氧磁體製成的（鐵氧磁體以氧化鐵為主要成分）。不過，為了產生夠強大的磁場，磁鐵的尺寸與重量必須夠大夠重。一位專家開玩笑說：「你們或許記得，一開始使用的手機像一塊磚頭那樣大吧？」問題之一在於磁鐵體積過大。

對汽車業而言，追求最輕重量與能源效率的競賽，從石油危機之後就已經開始了，必須盡可能研發出最輕、最小巧的強力引擎或電動馬達。的確，如果動力裝置的直徑可以縮小，那麼安裝了輕巧動力裝置的車體，重量自然也可以減輕，空間也會更有餘裕。此一進展確實能夠節省大量能源。[6]

而就是稀土磁鐵，才使這個進展得以實現，且同時徹底改變了現代電子學。你絕對在不知不覺中操作過超級磁鐵，特別是如果你的廚房備有固定在牆上的磁性刀架。你從來沒有好奇過，一塊磁鐵如何能使一把二十多公分的鋼刀不受地心引力影響，而懸掛在空中？靠的當然不是鐵氧磁體，而是稀土磁鐵。一位業者讚

嘆道:「力量相同,但稀土磁鐵的大小是鐵氧磁鐵的百分之一。這一切就是微型化,稀土金屬的作用是使所有物體更小。」[7] 還有使電動馬達的動力倍增,變得足夠強勁以對抗熱引擎的優勢。能源與數位轉型因此獲得驚人的加速動力。

然而,就在此刻,問題開始浮現。

時間來到 1980 年代末期。稀土磁鐵突然成功,進入全球所有製造產業,而日本日立電子集團擁有使用專利,稀土磁鐵賦予日本公認的工業優勢。陳占恆回憶,優越到「日本人禁止對中國出口這項科技」。[8]

這項科技禁運並未使北京沮喪,北京很快堅信,除了取得幾乎所有的稀土資源之外,今後必須能夠掌控實現最終應用的奇蹟科技。陳占恆指出,潛在的概念是中國能夠「為了自己的產業,從稀土礦石的附加價值中獲利」,且無論方法為何。

首先是用正當的手段。在 1980 年代,磁鐵製造商主要設廠在日本,並供應全世界大部分的需求。但他們開始臣服在中國同業的花言巧語下,中國同業向他們提議,將他們的苦差事(大量製造較不先進的磁鐵)轉移陣地。一名澳洲顧問表示:「中國人對他們說:來廣州吧!將你們低端的稀土應用技術遷移,我們將負責所有低科技的部分!」[9]

換句話說,日本人擁有高科技,但中國人承諾更低的生產成本,這代表有利於增加日本產業的利潤,而日本產業並未猶豫太久。在這個時期,日本就業率高、日圓強勁,日本人認為這種國

際分工是合理的做法。

　　歷史教科書將會記載：當年是全球第二大經濟體的日本，刻意向競爭對手出口了對方所缺乏的科技。

　　受到以更低成本獲得精煉稀土的誘惑，法國化學公司羅納普朗克，如同我們報導過的，也將一部分的精煉事業轉移至中國。為此，羅納普朗克公司在 1990 年代與中國夥伴共組合資企業。這對拉洛歇爾市的工會，造成強烈不安，為了維護在法國的工作機會，工會必須發起強烈的抗爭運動。但是羅納普朗克當時有其他煩心之事：羅納普朗克的醫藥單位即將獨立出來，成為未來的安萬特（Aventis）公司。一名前員工回憶道，結果，「公司完全沒去思考這個小（化工）事業的戰略與地緣政治層面。」[10]

　　羅納普朗克的杜聶（見第 78 頁）曾於 1970 年代末，數度前往中國，尋找未來的合作夥伴。在精煉事業轉移至中國之際，他瞭解到陰謀為何：「我們的夥伴想要單向的西方技術支援，模式為『你們把一切交給我們！』他們認為我們應給予他們指導，但是他們沒有任何回報是正常的。」[11]杜聶確信羅納普朗克並沒有透露任何高科技機密。但是西方人，主要是法國人，因為將低階的精煉事業轉送給中國人，接著成為他們最忠實的客戶，而把市場雙手奉上。

　　1990 年代，大量的低階精煉廠開始在包頭地區冒出，接著在整個中國如雨後春筍般出現。杜聶說道：「稀土成為全中國下金蛋的母雞，金錢滾滾而來，精煉廠的老闆都開林肯汽車！」[12]

換句話說，法國人也讓對手得以複製西方知識、賺許多錢、投資自己的研發工作、最終在產業鏈下游全速前進。羅納普朗克的前員工丟莫索，當時派駐在中國，他直截了當的說：「羅納普朗克幫助中國人跨過門檻。」[13]

無所謂！羅納普朗克堅信他們一直領先二十年，精煉事業已無太多價值，集團將以在下游研發更先進的中階產品（尤其是發光材料）來補償。但是早在 1987 年，羅納普朗克的一名工程師已經發現中國精煉工人驚人的進步，而對高層出言不遜：「我說：『我們只領先兩年或三年。』結果引起軒然大波！」[14]這名工程師的發現是正確的，弄錯的只是時間。丟莫索表示：「到了 2001 年，所有中國精煉工人都已達到和我們一樣的技術水準。」[15]杜磊現在很謹慎的說：「我們或許長期低估了這場競爭的風險。中國人想要向下游前進，我們無法阻止他們！至於我們，我們希望獲利於非常低的生產成本，因為我們的客戶壓制我們，迫使我們這麼做。當然，這樣的情況到今天還是一樣。」[16]

現在，只有少數稀土金屬仍在拉洛歇爾市精煉，選礦的工作室已關閉，工廠的業務已大亂。集團的營業額下降，化工部門的員工人數也從 1985 年的六百三十人減少成一半。[17]那麼，羅納普朗克（化工部門如今隸屬索爾維集團）至少能自誇，下游更先進的中階產品還留在法國生產吧？杜磊評論道：「這些事業甚至也都轉移到我們在中國的工廠去生產了，就是價錢的關係！」法國人或許還能自我安慰，說羅納普朗克化工部門分割出來後、更

名為羅地亞，雖然賣給比利時的索爾維集團，但羅地亞的總部還留在巴黎。或許吧，但是，如同杜磊開玩笑的說法：「索爾維今日自認也是一間中國公司！」[18]

中國的覺醒，引發了無法避免的經濟大變局。在這當中，法國甚至助了北京一臂之力。對競爭對手能力的錯誤評估，以及只在乎眼前的利益，絕對加速了勞動力、事業單位的移轉，尤其加速了科技的移轉。

「拿科技來換資源」的勒索遊戲

在西方短視盲目的背後，我們發現一種「神奇思維」的許多證明。西方國家長期瀰漫著科學成就將永遠領先的幻覺。這種思維從 1980 年代起，培養了許多經濟產業：藉由拋棄重工業，已開發國家得以將精力集中在具高附加價值的製造業，且獲取穩固的利潤。有些人相信，開發中國家會一直是製造牛仔褲與玩具的世界工廠，而已開發國家則繼續在最有利可圖的部分，占據絕對優勢。美國金屬業一名工會人士坦承：「我認為大部分的人持續認為，（中國競爭引發的）顛覆性影響，僅限於最不需要技術的工作。我們並未瞭解到，我們不只將失去咖啡杯的生產，還將以更嚴重的方式在經濟架構上、在最尖端的工作上失去優勢。」[19]

西方國家還有一個白日夢：工業隱藏在大致上以服務業為主的經濟背後，焦點應放在強力創造附加價值的知識上。這個普遍

想法呼應之前提到的去物質化的烏托邦，於千禧年之際受到商業界的認可。和阿爾卡特朗訊（Alcatel Lucent）公司的老闆齊魯克（Serge Tchuruk）一樣，許多美國和歐洲業者向「無工廠企業」的誘惑屈服。既然智慧比生產工具更有價值，就必須支持前者而犧牲後者。這個邏輯導致土崩瓦解的現象：業者和自己的工廠分離，並尋求外包。最後，在法國，這股趨勢主要因民眾不喜歡工業而形成。羅納普朗克的前工程師波以松（Régis Poisson）說道：「在我職業生涯的初期，一名工廠工人可能因創造某樣物品而成名。幾年之後，到來的是對工業家的抗拒、工業的糟糕形象。現在，平民不再喜歡工廠，因為工廠等於『排斥』的同義詞。」[20]

因此，西方人與中國人攜手向前進。但是自 2000 年代起，中國人開始施行較不傳統的方法：一直提到稀有金屬配額，不久後造成那些選擇不將工廠（與工業機密）遷移他國的磁鐵製造商很不安穩。這些製造商開始缺少稀土金屬，且發現必須在同樣痛苦的兩個選項中做出決定：永遠維持其工業業務，但若沒有原物料的足夠供貨，運作可能減緩；或是遷移至中國，不受限制的享有取得原物料的權利。[21] 一名倫敦分析師證實，對日本人而言，這個兩難局面並未持續太久：「由於渴望原物料，日本人帶著科技，前進中國。」[22]

針對那些堅持抗拒的人，北京送出了殘酷的待遇：礦物價格的扭曲。2011 年，美國俄亥俄州參議員布朗（Sherrod Brown）對此大為光火，他在一場激烈的演說中表示：「中國刻意安排了原

物料的匱乏與出口配額,造成國際價格上漲,但在中國境內卻維持低價!他們以如此無恥的方式作弊,我們怎麼還能夠保有競爭力?」[23]

這場競賽雖然邪惡,但確實征服了大部分在中國境外的磁鐵製造商。1990 年代末期,日本、美國與歐洲還擁有 90% 的磁鐵市場,但現在中國掌控了全球磁鐵產量的四分之三!簡單說,藉由「拿科技來換資源」的勒索遊戲,中國對礦物生產的獨占,在其產業轉型階段變得更加重要。中國不只獨占產業鏈的一個環節,而是兩個環節。吳瑋就是如此證實的:「我甚至認為,在不久的未來,中國將擁有整個價值鏈完全整合的稀土產業。」

事實上,這個願望已實現了一部分,特別是已在內蒙古的包頭市牢牢扎根。

 ## 稀土矽谷

在世界的稀土首都包頭市,我們已經走過幕後——有毒廢棄物之湖、以及居民緩緩死去的癌症村,現在是探索亮麗門面的時候了。

星期六,白天,優雅的玻璃塔豎立在礦物沙漠之上。接著,當黑夜籠罩平原,「大草原的小杜拜」覆蓋著繽紛亮麗的活動,驅散附近丘陵的冰冷黑暗。天空現在一片鈷藍色,被深紅色的燈點燃。主要道路「建設路」上,慢慢的有愈來愈多行人前來欣賞

櫥窗，在人行小巷弄的香氣四溢廉價餐廳之間散步。處處瀰漫著一股勝利與征服的氣息，你可從行人展現的自滿微笑中、或是仍罩著塑膠防水布的建築，去體會這座象徵著堅信美好命運、耀武揚威的城市。

這樣的包頭市，對八十名各國商務人士代表團 2011 年 10 月的參訪而言，是美好理想的環境。在中國當局的邀請下，他們參加一場稀土的國際研討會。顯而易見的，中國人希望誘惑他們的客人：代表團適時下榻一間豪華飯店，套房正對市中心與翠綠的公園，就連天空也似乎為了這個場合，將雲朵驅離。

在會議廳內，負責包頭市經濟發展區的中國高級官員孫永革讚嘆道：「包頭是稀土的首都！我們歡迎科技業，因為我們能夠提供他們幾乎所有需要的礦石。」

的確，科技業是包頭市發展的基石。包頭市周邊的稀土礦藏對科技業有莫大的吸引力，而中國能夠提供滿滿的稀土。孫永革說：「我們不再希望只是原物料的供應者，而是更精密產品的供應者。」因此，有如前殖民者的西方企業，若只想要前來開採資源，以便回國後產生附加價值，在包頭市已不受歡迎。中國官員在鏡頭前面說道：「我們對於將科技遷移至中國的轉型企業，非常開放。」

受到礦石供應便利性的誘惑（或說是被迫），許多外國廠商已前進位於包頭市外圍的一百二十平方公里免稅區——包頭稀土高新技術產業開發區。成果可用數據證明：孫永革表示，包頭市

年產三萬噸的稀土磁鐵，占全球產量的三分之一。此外還年產一萬噸的拋光材料、一千噸的催化性礦石和三百噸的發光材料。

代表團也受邀參觀製造工廠，但記者則被留在門外。我們把一臺小相機交給丟莫索，他之後帶回展現力量的證明影像。丟莫索邊看影片、邊告訴我們：「這是一間磁鐵工廠，就是你在 iPhone 和 iPad 中找得到的磁鐵！中國人花費巨額金錢，以取得這些抄襲歐洲知識的科技。」[24]

靠著規劃磁鐵工廠的轉移，中國人自然加速向磁鐵產業鏈的下游（亦即使用磁鐵的產業）遷移，許多高新技術企業已經進駐包頭稀土高新技術產業開發區。我們的證人證實：「他們現在已轉為製造電動車、發光材料或風機的渦輪機。整個價值鏈都轉移陣地了！」

包頭市今後已不再只是一個粗俗的礦區了；中國人喜歡稱之為「稀土的矽谷」。包頭市已容納超過三千家企業，其中五十家擁有外資[25]，包頭市還擁有上千家配備了高端生產設備的工廠、提供數十萬個工作機會，年營業額將近四十五億歐元。[26] 依照此步調，孫永革有點自誇的斷言：「十幾年後，這裡的生活水準將和法國人類似。」

三十年前，決定扛下「二十一世紀石油」的負擔時，中國並未偏好日漸衰退的製造業而背棄高科技，正好相反。中國在資源領域做出與西方國家對立的選擇，因為中國握有資源，使中國得以在一個世代後，謀求數位科技與綠色科技產業的高端部分。

　　稀有金屬在第一階段的政策任務，只是遂行零散禁運令的配額政策，在第二階段的攻擊更具野心：中國建立完全自主與整合的產業鏈，兼容了礦工走過的汙濁礦坑，和擁有高學歷工程師、極度現代化的工廠。這樣的發展策略，難道不合理嗎？畢竟，中國向產業鏈下游前進的政策，相當程度上，借鑑於波爾多或勃艮第葡萄酒農的葡萄栽培策略。正如一名澳洲專家指出的：「法國人賣的不是葡萄，而是葡萄酒，不是嗎？對啦，中國人認為稀土有點像是法國的葡萄樹。」[27]

 ## 世紀大掠劫

　　這個升級的策略並不限於稀土。在 1990 年代，德國的中小企業組織（著名的「中堅企業」Mittelstand），專門大量製造工具機，也曾引發憂慮。無論是簡單的銑床，或連結了網路的綜合加工機，工具機都能夠將工廠內的任務自動化。藉著逐漸以機器人取代人工，工具機得以維持德國工業的競爭力，甚至到今日，德國工業仍占該國約 30% 的 GDP。[28]

　　不過，機器人業者需要龐大數量的鎢，這種稀有金屬在中國一向產量豐富，但是在世界各地仍有其他礦場，[29] 對業者而言，可保證供貨的多元來源。一名澳洲顧問回憶道，在 1990 年代，中國大量生產自己的切削工具，包括「一些榔頭、鑽頭……差勁的工具」，[30] 但中國也致力提升這個產業的價值鏈，「從 1985 年到

2004 年，他們開始降低鎢的價格。這樣一來，他們希望：一心想以最佳價格購得原物料的西方人，只會向中國人購買，並使所有競爭者的礦場都關閉。」[31]

我們猜得到原本可能的情況：中國獲得鎢生產的支配地位，再度使出原物料的勒索，強迫德國人將製造業遷移至資源附近。中國人可能抵消德國工具機業所有的領先，接著奪取工具機的部門，而這是德國中堅企業的支柱。

這將是世紀大掠劫！但是德國人看見攻擊來襲，和其他鎢的競爭生產國（俄羅斯、奧地利和葡萄牙等等）達成協議。澳洲顧問繼續指出：「他們寧願以較貴的成本購買資源，使其他礦場能繼續生存，而不要仰賴中國。」[32]

在鎢的戰場沒獲勝，也沒關係。中國對石墨市場實施同樣的手段。眾所周知，中國在石墨市場占有優勢。石墨與鑽石同樣稱為「最純的碳」，這種礦石可產出石墨烯。石墨烯是一種奈米物質，細度是一根頭髮的百萬分之一，但堅韌度是鋼的兩百倍。石墨烯的發現者是兩位物理學家，蓋姆（André Geim）與諾沃肖洛夫（Kostya Novoselov），他們因發現此物質而獲得 2010 年的諾貝爾物理獎。石墨烯的應用方式非常多樣：能用於研發可彎曲的手機、半透明的電腦、超級強力的奈米處理器、或是可進入人體偵測癌細胞的奈米晶片。

但是瞭解到石墨資源正在創造龐大市場的中國，根據吳瑋表示：「正在實行發展產業鏈下游的類似策略」。中國的產業政策

已包含徵稅和出口配額，以給予國內市場優惠。[33] 美國人相當清楚危險所在，所以在 2016 年向世界貿易組織提出新訴訟，指控北京「藉由對中國境外業者提高資源價格，同時壓低中國業者就相同材料支付的價格，對美國生產商造成損害。」[34]

中國又故技重施了，一名與我們在北京會面的記者解釋，現在目標轉為鉬和鍺。[35]

其他人預期，中國對鋰和鈷也會使出相同手法。[36]

一名德國業者警告：「也要注意鐵、鋁、水泥、甚至石化產品。在這些資源，你都能觀察到同樣的產業政策。」[37] 在中國，我們甚至聽到政府當局也對複合材料實行類似的政策，這些新材料來自多種稀有礦石的合金。我們不得不問：如果中國研發出一種神奇的複合材料，而全世界都不能缺少，會發生什麼事？相較其他資源，中國絕對不會更為大方的出售。

歐盟執委會除了建立關鍵原物料清單之外，還必須編列供貨恐受到威脅的重要合金目錄。[38]

西方國家開始訴說發生在他們身上的事：掌控礦石者，今後將掌控工業。[39] 西方國家對中國的依賴，原本只限於資源，現已擴展到仰賴資源的能源轉型與數位科技。一名美國稀有金屬專家說：「我們是否身處一場非軍事衝突中？答案當然是肯定的！」[40] 當被問到，西方國家正在贏還是輸，一名法國礦業專家直截了當的回答：「我們現在甚至沒有在作戰！」[41]

印尼再次「不結盟」

　　想當然耳，中國的策略給了全世界許多其他礦業國家靈感，特別是在爪哇島的中心，更仔細說，是在印尼的雅加達。

　　如果世界上有一座城市，象徵二十一世紀的地獄大都會，那會是東南亞這個巨大半島的首都，我們稱為「大榴槤」（指印尼人食用的一種惡臭水果），這不是我們應當探索或遊覽、而是須與之對抗的一座城市。在這座有三千萬居民的不適宜居住的大城市裡，你需要的所有感官中，最主要的或許是觸覺。你最好是用觸覺來體會：潮溼的高溫使空氣凝滯、陣雨不斷的騷擾這座水泥與玻璃的城市、摩托計程車與大道上向前衝的汽車相互摩擦。

　　既然無法分辨南北方向，無法熟悉任何地標——不管是一座塔、一個十字路口、或是一條要道，我們就試著在腦海中印下可解析這團混亂的草圖：和竹竿交纏的大團電線、遺留在十字路口中央的一個流動攤販、大批摩托車跨過下水道流出的水流、大蒜的氣味侵入兩旁布滿椰子樹的巷弄、投射在高架鐵道上的火車規律的節奏、在兩幢建築物間被遺忘的一塊叢林……諸如此類。

　　我們於 2014 年冬季造訪雅加達，數天後降落在位於北方四百公里的邦加島（Bangka），這才是我們印尼之行的目的地。從飛機上俯瞰，數千個坑洞的景象，讓人以為流星雨曾擊中這座和巴黎大區一樣大的島嶼。實際上這是錫礦的坑洞，在礦坑深處有幾千名勞苦的礦工在挖礦，他們是靠著黑市的興盛而過活。海

岸外也有礦坑，上面漂浮著數千間木造小屋。年輕人從簡陋的小船上，下潛到二十多公尺深，嘴裡只有一根管子，連通著空氣壓縮機。年輕人刮著海床，利用簡易吸塵器將沙子帶回陸地，並透過安裝在小船上的小小選礦機，將礦石分離出來。

邦加島是全世界生產錫的最大中心。錫這種銀灰色的金屬，對綠色科技和現代電子產品至關重要，太陽能板、電池、行動電話、數位螢幕等，都會用到錫。[42] 全世界每年開採超過三十萬噸的錫，印尼占全球產量的34%，名列這個高科技礦石出口國的第一名，但錫卻不被視為稀有金屬。印尼非常瞭解能夠從這個美好資源獲得的利益，印尼主要的礦業公司之一，印尼國有錫業集團（PT Timah）向我們解釋，從2003年起，「錫是第一個成為禁運目標的礦石」。[43]

禁運清單非常長，錫是第一個。2014年起，所有印尼的礦物資源、鎳沙、鑽石、金，都不再能夠以天然狀態出口，因為，印尼政府告訴我們：「我們現在不出售的礦石，日後將變為我們的產品。」就像在中國，這個政策代表著美好的創造財富手段。「如果我們留住附加價值，根據統計，鐵的獲利將會是四倍，錫和銅為七倍，鋁礬土甚至是十八倍，鎳為二十倍。」[44]

印尼人做的不只是複製中國模式，他們更加創新，發展出初期的「金融民族主義」。2013年，雅加達創立了印尼商品和衍生品交易所（ICDX），這個交易所的目的在於操縱錫的交易價，不受倫敦金屬交易所（LME）這類全球大型金屬交易所的「強制規

定」。印尼交易所的年輕所長威賈亞（Megain Widjaja）解釋：「我們的目標是控制和穩定交易價格。」因他認為錫的交易價經常受到操弄。因此，之後所有從印尼出口的錫，必須先在雅加達的交易所進行交易。

這項政策的效果如何，仍有待討論。根據威賈亞的說法，錫交易價的波動程度，已從先前的每年 20% 至 30%，降至 8%。不過，對某位倫敦分析師而言，倫敦金屬交易所決定的價格仍然是指標，且不認為這樣的狀況會立刻改變。[45] 但他坦承：「印尼實施的這個構想，確實很獨特。」為了支持工業發展政策，印尼事實上很需要布建公路網、電力分配網、港口、火車站與機場等基礎設施。為了降低這些投資的衝擊和維持長期發展，礦石的交易價格還必須夠高且穩定。

印尼不願相信市場的隱形之手，反而昂首闊步，直接就交易機制展開行動，試圖避開被他國操縱的厄運。其他亞洲國家也受到啟發：2015 年，上海期貨交易所將錫列入該期貨市場可交易的金屬之一，[46] 並於 2018 年宣布，銅不久後也將列入。[47] 馬來西亞於 2016 年也採取相同措施。[48] 其他地方的股市同樣開創銅、鎳與鋅的交易平臺。[49]

然而，印尼的礦物資源民族主義並不像中國一樣成功。原因在於雅加達沒有支持政策的所需資金，發展產業下游所需的龐大資金依然短缺，印尼的貿易收支開始波動不穩，預算赤字開始累積。2017 年，印尼被迫放寬策略，再次開放諸多礦石的出口。[50]

政策反轉的主要原因之一，是原物料的交易價格。

　　事實上，大多數的礦物資源民族主義政策都在同一段時間出現，即世界來到「原物料的超級循環」時——從 2000 年開始、為期十五年的狂歡盛宴。在這段原物料的黃金時光，交易價格接近高點。這些市場價格對購買國造成損害，但卻使出口國處於強勢地位，激發了他們的民族主義本能。

　　但是，原物料的超級循環於 2014 年中斷。消費國與生產國之間的商業權力關係重新獲得平衡，而生產國在對產業鏈下游進行投資前，會開始三思了。

 ## 分配正義

　　有些人認為舊世界的秩序具有韌性、且尚未結束，除非崛起中的國家也想和經合組織（OECD）的成員國平起平坐，享受同等奢華的生活。但崛起中的國家當然會有這樣的欲望，結果將使西方國家長達三世紀的獨占地位，在面臨新世界的誕生時，很快消失。[51] 今天，西方人希望全世界都轉變為儉約與節制。但是當數十億人夢想著每餐都吃肉、喝香檳，全家出遊在艾菲爾鐵塔前拍照，西方人該如何讓他們聽得進去呢？

　　在新興國家眼中，稀有金屬更是滿足欲望的手段。

　　的確，這個現象已不可避免：1998 年，在多年奮鬥之後，新喀里多尼亞（法國的海外特別行政區域）的卡納克獨立運動者，

終於能夠持有柯尼安博（Koniambo）鎳礦工廠的大多數股份，這是全世界最大的鎳礦。結果是，礦石的加工處理等於增值的同義詞，有利於當地居民。

類似的趨勢發生在柬埔寨、寮國與菲律賓，甚至非洲也開始產生興趣：摩洛哥最大的磷酸鹽生產廠商 OCP 集團，執行長特阿博（Mostafa Terrab）說：「非洲正在建立磷酸鹽的轉型工業，以製造供應非洲人的肥料。其他產業也非常可能出現這種現象，非洲別無選擇，必須工業化。」[52]

這樣的預感，和「非洲礦業願景 2050」[53] 一致。2009 年的非洲聯盟第十二次高峰會，曾大力提倡此願景，目標是使礦業成為具有帶動性質的成長動力，藉以發展工業，獲得更大部分的附加價值。即使結果仍未臻理想，因為目前只有 15% 的非洲礦物生產仍留在非洲，但鑑於非洲在全球經濟的重要性漸增，這樣的演變是無可避免的。

另外，這不僅僅是工業或政治的利害關係，這已成為道德問題，關乎礦物資源這項全世界共有財產如何公平分配。而國際組織現在正一致朝此方向邁進。[54]

第 **6** 章

中國超越西方的那一天

中國現在已躍升為全球最大綠色能源生產國、

光電設備製造最大國、水力發電第一大國、

風電最大投資者、

以及新能源車全球最大市場。

愈來愈受矚目的稀有金屬，能讓人理解到我們正在進行的新戰役：一場想像力的戰役。今天，國家之間相互競爭，吸引最優秀的人才、留住最創新的新創公司、取得最驚人專利的所有權，這些將成為國家文化與獨創性的代表。新科技促進一種新經濟與社會模式，並代表某種關於世界的看法。中國很瞭解這點：它的稀有金屬工業戰略，使其能夠大大依賴科學興起、鼓勵人民的創新精神、以及促進不同於西方標準所加諸的文明倡議。

高科技柯爾貝爾主義的中國配方 [1]

這場聰明競賽的理論基礎，奠定於 1976 年：鄧小平當時和毛澤東的農業目標分道揚鑣，並宣布今後「科學技術是第一生產力」。[2] 後續的所有中國領導人，都秉持並加強這個信念，例如國家主席胡錦濤，他於 2006 年宣布：「把科學技術真正置於優先發展的戰略地位……把增強自主創新能力，做為發展科學技術的戰略基點。」[3]

這項宣言再度體現於 2010 年的第十二個五年規劃——這項「十二五規劃」制定了 2011 年至 2015 年的整體經濟與社會發展大方向，並提出七大新興產業（節能環保、新興資訊產業、生物產業、高端裝備製造業、新能源、新材料、新能源汽車）。[4]

五年後，第十三個五年規劃（2016 年至 2020 年）——所謂「十三五規劃」，則將「創新創業」與「中國製造 2025」定為基本

政策，並提出七大戰略產業（軟體、環保設備、生物醫藥、通信設備、新能源、雲端運算、機器人）。[5] 這些概念在中國歷史上從未居於主要地位，現在卻成為圭臬。[6]

為了加強這個遠景，北京仰仗著中國經濟的三大美好競爭優勢：國內的廉價人力、因人民幣貶值政策造成的低資金成本、龐大的國內市場能夠實現規模經濟。[7] 為了加速競爭對手的企業把生產工具遷移至中國，北京知道如何絕妙的利用夥伴關係這項武器，即我們說過的合資企業。西方企業為了換取上述三項競爭優勢，向中國分享了它們的科技知識、製造技術、以及專利。北京稱此技術移轉的成果為「自主創新」，其實是吸收與內化了外國科技。[8]

中國發展自主創新科技的指導方針、發展目標和總體部署，都記錄在中國國務院 2006 年公布的〈國家中長期科學和技術發展規劃綱要（2006 － 2020 年）〉之中，[9] 一名在北京的美國顧問諷刺說，這份文件「充滿⋯⋯美好的意圖與誇耀國際合作和各國人民情誼的修飾言詞」。[10] 事實上，中國在規劃綱要中，大致是把自主創新定義為：吸收外國科技，經過修改和調整，發展為中國科技。一份美國報告於 2010 年示警：「這項戰略被許多高科技集團視為竊取科技的行動，是全世界之前從未見過的。」[11] 中國的這些科技自主化的產業政策，清楚顯示：中國已從防守姿態轉為進攻態勢了。

這就是中國人對稀土磁鐵施行的手法。北京先透過誘惑或脅

迫，吸引外國業者來到中國，藉著合資企業與它們連結，然後展開「共同創新」或「再創新」的進程，使中國得以獨占日本與美國超級磁鐵製造商的科技。

在從他人的想像力獲利後，北京接著實施內生的創造體系。政府制定「從工廠轉換成實驗室」的目標，[12] 該目標透過 1980 年代開始的多樣研究計畫，加以實現。最具象徵性之一為〈863 計劃〉，[13] 目的是讓中國集中火力，發展多項尖端產業（包括生物技術、航太技術、資訊技術、雷射技術、自動化技術、能源技術、新材料、海洋技術），其中有許多為「綠色」產業。最近，「中國製造 2025」計畫核准了在全國設立四十多間產業創新中心。2019 年，中國對研究的總支出將近五千兩百億美元，比美國少，但比歐洲多。[14]

然而，中國的弱點也很多：和總人口相比，中國今日的研究人員數量較法國或英國低，而教育方面的挑戰仍顯巨大，中國廣大的鄉村地區被排除在這樣的動能之外。接著，政府既允許自由創業，又有能力干預，這難道不會有創新受限的風險嗎？此外，創新體系的成功大大取決於政府的效能，但是政府必須著手進行痛苦的結構性改革，且結果無法確定。另一方面，國營企業在能源、電信和金融領域非常強大，但是國營企業的惰性已讓創新無以為繼，而且國營企業的管理者常居於政治高位，政府如何在不導致黨內緊張和掣肘的情況下，成功改革這些國營集團呢？[15]

最後，中國受到自身的若干特點所害。中共政權的獨裁本質

或許能使國家興盛，但絕不容許「顛覆」的思維和作為。一個雇用兩百萬人在網路上審查言論的政府，[16] 如何能夠同時激起創意的迸發？由於政府嚴格控管批判及想像的自由，抄襲文化依舊盛行，缺乏創意是結構性事實。[17] 一名派駐北京的前西方外交官斷言：「中國人擁有科技，但組織與知識邏輯仍卡在 1929 年。」[18]

即使如此，中國政府注定會成功。因為就短期而言，技術創新與產業升級，已是這個極權政府的兩大非常具體的目標：

▶▶ 首先是科技獨立的強烈欲望，因過去多次的羞辱而燃起。第一次羞辱須回溯至中國與蘇聯於 1950 年代末期決裂之後：由於外交緊張情勢，蘇聯於 1960 年夏季，撤除對中國許多重工業至為重要的科技援助。[19] 之後是美國與歐盟 1989 年的武器銷售禁令，以報復中共對天安門廣場學生運動的血腥鎮壓。北京學到痛苦的教訓：只能依靠自己的力量。此後，對於自給自足的執著，在中國的思維中相當重要，中國希望在 2020 年前，將對外國科技的依賴程度從 2006 年的 60% 降至 30%。[20]

▶▶ 接著是共產黨的存續。共產黨和占全球人口五分之一的中國人，共同簽下心照不宣的合約，這份「以獨裁政權換取經濟成長」的契約，在經濟成長過於遲緩時會失效。為了維持政權的合法性，共產黨政府每年必須將高達一千五百萬名城市新移民，納入就業市場。而在礦物資源的運用方面，若中國只致力於礦業上游的耕耘，成果終將是虛幻的。礦物資源產

業鏈的下游，才是蘊藏最豐富工作機會、以及最誘人的成長幅度可能性的所在之處。稀有金屬因此是獨裁政權保持生存韌性的關鍵之一，如果不願像之前的諸多皇朝一樣被推翻，獨裁政權必須不斷的創造新的就業機會。

 ## 中國驚人的科技進展

這些因素都有助於瞭解，為何中共政權迄今為止如此難以置信的成功。一名在北京的法國記者坦承：「我十年前已來到中國：當時，我們談的是紡織、玩具、電子產品組裝。老實說，沒有人想像得到之後發生的事。」[21] 中國近年來在電子、航空、交通、生物技術、工具機或資訊科技產業所達到的驚人進展，甚至可能連共產黨高層也感到訝異。[22]

在航太產業上，中國已送機器人上月球，且計劃在 2036 年前，將太空人送上月球。光是在 2018 年，中國就啟動三十七項太空任務，擠下俄羅斯的位置，成為美國在新太空競賽中的主要勁敵。[23] 對北京而言，想要的不再只是站在新科技的需求方，而是供應方，北京想以知識的供應者地位，代替知識的消費者。[24] 這個政策可從一項驚人的數據看出：2018 年，中國是全世界申請最多專利的國家，總共將近一百四十萬項專利。[25]

當我們在無益的懊悔時，中國已加快步伐：中國想要利用稀土金屬仍出人意料的特質，開發未來的應用方式。中國某些大學

的研究計畫非常先進，在美國國防部主持計畫的一名研究員感到既震驚又沮喪：「失去我們自己的供應鏈，已經夠悲慘了，而中國人正在領先我們十年。很清楚的，我們可能無法擁有未來重要應用方式的智慧財產權。」中國對此毫不隱藏，吳瑋證實：「我們想要靠著這些稀有金屬，成為全球的科技領導者。」

2010 年 9 月 29 日，在中國全面禁運稀土之際，美國眾議員達爾肯珀（Kathleen Dahlkemper）在眾議院講臺上說出：「中國人已經掌控稀土市場，而我們美國正在被超越。」這是一段重要的致詞：達爾肯珀女士並不是說，美國的科技領先程度可能減少或降低，她不是說全世界最強國將被追上，不是抱怨中國對美國愈來愈常扯後腿。她說的是美國正在被超越，就像西方國家在愈來愈多的工業領域發生的窘況一樣。

的確，北京已製造出比敵國日本更完美的隱形戰鬥機。[26] 從 2013 年到 2018 年，中國製造出全世界最強大的超級電腦[27]，這一度讓中國成為「全球資訊最強國」[28]，且發射第一個量子通訊衛星（量子科學實驗衛星「墨子號」）進入軌道，量子通訊是被譽為無法破解的加密科技。[29]

特別是，中國已成為大量綠色科技的霸主。迥異於傳統上與之連結的汙染嚴重國度的形象，中國現在已躍升為全球最大綠色能源生產國、光電設備製造最大國、水力發電第一大國、風電最大投資者、以及新能源車全球最大市場。北京同樣開始興建一組注重環保的「綠色城市」龐大網絡——中新天津生態城、上海崇

明東灘生態城、唐山市曹妃甸生態城、中法武漢生態示範城、北京豐臺長辛店生態城、……。數以百計的環保城市與環保區域正拔地而起。2018 年，對這些新產業的投資已超過三千億美元，[30] 約全球融資的三分之一。

美國在宣布向世貿組織提出針對中國稀土政策的訴訟時，歐巴馬總統也警告：「有能力在美國製造電池與油電混合車，對我們來說太重要，我們無法不採取行動。我們必須介入我們的能源未來，不能任由這個能源產業在美國之外的其他國家生根。」不得不認為歐巴馬政府失敗了，因為在 2020 年，中國將生產 80% 至 90% 的電動車電池。[31] 甚至很可能的結果是，中國堅守產業價值鏈升級的邏輯，「不再只是滿足於販售電池，」而是「在中國生產電池、且在全世界銷售電動車，」這是原物料交易公司嘉能可（Glencore）執行長格拉森博格（Ivan Glasenberg）2018 年 3 月的預言。[32] 嘉能可公司不久前，才把來自剛果喀坦加省礦場一部分的鈷，賣給中國化學公司格林美（GEM）。[33]

市場的分析認同格拉森博格的看法，因為全球十大電動車製造商中，現在有六家為中國企業：比亞迪、上汽集團、東風汽車集團、吉利汽車集團、中國第一汽車集團、北汽集團。中國既已擁有稀有金屬生產的獨占地位，也努力發展稀有金屬的綠色科技產業，毫無疑問，中國將成為製造最多綠色科技的國家，且大量吸走綠色就業機會，造成歐洲、日本、美國的損失。

中國想要在經濟方面，成為能源與數位轉型的大贏家。

這個野心勃勃的環保轉型，更能平息中國輿論對於環境汙染的嚴厲批評。[34] 環境汙染問題事實上在中國社會已經變得難以忍受，每年針對汙染的示威行動，數量將近有三萬起，甚至多達五萬起。無論是抗議興建石化廠的計畫，例如在雲南昆明，或是抗議興建垃圾焚化爐，例如在浙江杭州，符合「鄰避症候群」這個全球趨勢的中產階級運動，現在也蔓延到中國。將近八千個環保組織傳遞抗爭運動的訊息，它們運用人民的鼓譟，也試圖協調及團結這些不滿的人民。

環保人士馬軍證實：「之前的發展模式無法持續了，我們消費的方式不能再像以前一樣，必須進行轉型。」這種環保態度的轉變，將會讓這個致力於現代化的國家，把下一輪經濟成長的動力，改放在「輕」科技業（環境影響較小的產業，如數位科技）與服務業（如物流業）的發展上。最後，此轉變將能綠化中國在國際舞臺的形象，甚至使北京成為能源轉型外交的領頭羊，填補美國 2017 年退出〈巴黎協定〉後留下的空缺。

 轉衰的西方

中國向稀有金屬下游鏈前進的策略，造成歐洲與美國工業動力的損失。該策略隱隱揭示了西方經濟模式的脆弱，儘管西方模式是第二次世界大戰結束以來豎立的標竿。一名德國學者試圖以數據解釋這些現實：[35] 若只聚焦在稀土上，他估計，就稀土金屬

氧化物（羅納普朗克精煉的粉末）市場而言，從 1965 年到現在，已導致四十億美元的財富轉移至中國。若將產業價值鏈向上提升至磁鐵和電池市場，該數據則乘以十倍，超過四百億美元。這是有道理的，因為中國取得產業鏈下游的產銷市場愈多，附加價值就愈大。

一名澳洲研究員將此推論，應用在更先進的製造業領域。[36]他先研究消費性電子產品的零組件產業（印刷電路板、感測器、放大器、二極管、LED、恆溫器、電燈開關）。根據下游工業價值增加的邏輯，這裡也可發現，從全世界其他地區轉移至中國的財富倍增，達到四千億美元。最後，澳洲研究員探討了精密器械製造業，也就是將零組件裝配成精密器械的業者（在汽車業可能是儀表板或一體化攝影鏡頭；資訊業為電腦硬碟；航空業為客機的引擎），這比零組件製造業更下游。轉移的金額在這個領域可能也要乘以十倍，達到四兆美元，約為法國 GDP 的兩倍。

稀土金屬一年的市場將近六十五億美元，金額僅是石油市場的兩百七十六分之一。[37]看似微不足道，然而鑑於這些微小金屬幾乎出現在所有消費產品中，這個微小工業可造成巨大比例的後果。必須一提的是，上述的德國學者與澳洲學者的研究，都尚未列入西方國家的礦業和成品（風機、電動車、太陽能板等）工廠的消失、國家損失的稅收、對國家貿易差額的影響，也未計入中國產業升級對大量其他稀有金屬造成的類似效應。

而且，一邊獲得數百萬個就業機會，另一邊就必然會失去數

百萬個就業機會吧？在美國，當我們離開芝加哥，沿著密西根湖邊開車一小時，直到隔壁的印第安納州，我們見到中國對美國金屬工業進攻所造成災難的全貌。美國鋼鐵工人聯合會的工會人士羅賓森（Jim Robinson），在他位於蓋瑞市的辦公室接待我們。他破敗的礦場清楚說明了美國鋼鐵業的崩潰，而鋼鐵業曾在此興盛至 1980 年代。羅賓森回憶道：「這個地區非常工業化，被稱為美國的魯爾區。那是美好的年代，沒有人想像得到，我們將遇上這樣大的轉變。」蓋瑞市的居民現在說這個城市是個「廢墟」，在這座鬼城，整個區域遭到棄置，大門洞開的房屋以五十美元出售，每一天都有人逃離這座被失業、絕望與危險戕害的前工業城市。

　　美國四分之三的磁鐵製造商已經消失。二十年前，磁鐵製造業在美國雇用六千名專業人士，現在只剩五百人。[38] 在更下游的產業，日本汽車製造商豐田與德國的 BMW，同樣都將部分生產線遷移至中國。[39] 日本的住友商事、德國巴斯夫（BASF）化學公司、及其不幸的美國夥伴格雷斯（Grace）特用化學品公司，也是如此。澳洲學者金諾斯（Dudley Kingsnorth）分析道：「這些公司當然是受到中國低廉勞動力成本的吸引，但是為了取得稀土，則是遷移生產線的另一個動機，結果造成自己的國家數百萬個工作流失。」[40]

　　藉著將賭注押在可再生能源上，北京讓「奠基於化石能源且西方勝出的工業秩序」加速瓦解，同時扶持著西方國家已愈來愈

落後的新能源系統。從某方面來看，我們能夠瞭解為何川普拒絕讓美國進行能源轉型：他寧願延續在二十世紀創造美國全盛局面的石油能源模式，[41] 也不願朝向「全倚賴電力驅動的新能源模式」邁進，因為川普知道，這種能源轉型對美國產業來說，可能會造成極大的痛苦。（這些政治抉擇卻是基於錯誤的假設：美國能夠獨力將能源的新平衡，導向某個方向。然而從今以後，擁有決定權的是中國。此外，拒絕和北京在能源轉型上短兵相接，華府等於提前承認失敗。）

　　法國並未逃過一劫。歐蘭德總統任內的工業振興部部長蒙特布（Arnaud Montebourg）曾在晚報的一篇社論，提到一個例子：「2001 年，上加龍省的小村莊馬里尼亞克（Marignac），很痛苦的目睹法國唯一的一間鎂生產工廠，在中國競爭的效應下消失。幾年後，中國擁有鎂市場的獨占地位，將產品價格提高到本可恢復法國工廠所有利潤的程度。在這期間，法國在減輕汽車和飛機重量的工業領域……失去了數百個就業機會。」[42]

　　對金屬精煉工業的漠不關心，也於 2013 年導致 CLAL 這家專門處理貴重金屬的法國企業，進行破產清算。一名前員工哀嘆道：「這是稀有金屬領域唯一的一間法國公司，將近四千個在法國和全世界的工作，於 2002 年遭到削減。」[43] 在所有高科技產業中，至關重要的工作都需要非常強的專業能力，這些都是高附加價值的職務。一名美國工會人士補充道：「這是能夠創造經濟進展與現代化的『綠色工作』。」[44] 這些領域的專業知識，多是

累積了數百年，牽涉到電子、汽車、軍火產業，當然還有未來能源產業，卻就此拱手讓人。

而且，產業消失造成了許多人道與社會悲劇，讓已經黯淡的局面更加漆黑。法國過去十五年有九十萬個工業就業機會受害，大約減少 25% 的員工。同一時期，工業在法國 GDP 的占比減少了 4 個百分點。[45]

在整個歐洲和美國，數據也並未較佳，因為 2018 年，工業各自占兩者 GDP 的 22% 與 18%，從本世紀初以來，已分別下降了 3 個百分點和 4.5 個百分點。[46]

在美國和歐洲，「去工業化」破壞了戰後的社會契約，造成嚴重的社會動盪，且構成諸多民粹政黨和民粹領袖的政治資本。川普成功進入白宮，是因為他仰賴「鏽帶」（Rust Belt）去工業化各州的選民。在這些足以翻轉全國選舉結果的關鍵州，共和黨候選人川普不斷譴責中國反競爭的手段與工廠外移，強調必須保護美國不受北京發起工廠戰爭之害。這個策略奏效：川普在這些州幾乎大獲全勝，囊括很多選舉人票，抵消了希拉蕊在其他州的大幅領先。

不管有沒有稀有金屬，西方國家的去工業化，都會感受到致命的效應。而現在，中國壟斷了這些勢將取代化石燃料的稀有金屬資源，再加上強力吸納綠色產業的可怕戰略，更是加劇了西方國家的經濟、社會與政治危機。一名西方專家認為，歐洲模式已經「無力實行政策，以維護其經濟、科技與社會資產。」他並補

充道:「歐洲民主制度……能否存續,可能會與中國綠色科技工業的崛起,息息相關。」[47]

當兩種世界觀對立

中國能源轉型產業政策的成功,使其得以推銷一種「崇尚長期耐心」的政府治理模式,以之與西方政府的短視近利政策、導致產業崩盤,形成強烈對比。一名印度學者分析:「這個威權資本主義……對其他獨裁國家是個鼓勵。」[48]這證明威權資本主義可以創造確實的經濟成長,同時保證政治穩定。

「北京共識」[49]在此受到了認可,意思是中國發展模式可做為其他崛起中國家的參考。此共識使另一項共識陷入困境,即冷戰結束以來流行的「華盛頓共識」。華盛頓共識顯示:經濟成長和民主進展必然相互關聯。因此,我們似乎可以斷定:稀有金屬戰爭以及綠色就業機會的爭奪,已經揭示了今日新的意識型態衝突,也就是中國與西方國家在政治組織原則上的對立。

「文明的衝突是一種非常西方的看事情方式!」趙汀陽是一位哲學家,他在中國因提倡「天下」而聞名,[50]這個概念源自孔子的教誨,尊崇在國際關係中追求和諧。趙汀陽同意和我們討論西方和中國未來將維持的關係,他表示,全球化的離心力「驅使我們愈來愈相互依賴,這將造成衝突,無論是軍事上或經濟上,但這對所有人都是不理性的選擇。」趙汀陽預言,天下體系將在

和平的世界中盛行：通訊與交通方式現代化促成的新動力場域，形成了都會領導菁英的聯盟，共享西方與中國的價值觀。「我認為這個體系將創造和平的互動，民族之間更好的理解。」

我們和一位稀有金屬的中國專家，在擺滿精緻菜餚的大桌邊對談，也有同樣的象徵意義。他邊使用筷子、邊斷言：「未來，世界會更開放、更合作。」[51]

中國一直運用「貓熊外交」——贈送或租借這些巨大蹠行動物，給希望與中國建交或維持友好關係的國家。的確，必須是冷血之人，才不會愛上這種代表中國的哺乳動物，而我們常在網路影片中觀看貓熊吃竹子或翻筋斗。透過性情溫和的貓熊，中國不計代價，試圖傳達的是和平崛起的概念。

我們很想要相信、也夢想著和平與文化交融的世界。但有個細節形成了汙點：當著美國的面，藉由購得位於印第安納州的一家戰略性稀土公司，中國掀開了他們令人印象深刻的軍事計畫的面紗。

第 **7** 章

紅頂商人與國安算盤

令人心生疑慮的中國商人，

和這宗買賣有關。

其中一人是紅二代，

更明確的說，是鄧小平的女婿。

好萊塢對稀土興趣高昂。

稀有金屬已變成和石油一樣不可或缺的資源，再加上中國的威脅、以及高科技業的韌性，足以構成一部完美驚悚片的素材。知名電視影集《紙牌屋》的編劇也沒有錯過這點。《紙牌屋》影集的主角為美國政治人物安德伍德（由演員凱文・史貝西飾演），他為了爬上權力高層，不惜做出任何無恥行為。《紙牌屋》第二季其中一段劇情，便圍繞著這些稀有金屬，而劇情和現實有若干相似之處。

在其中一集，中國擁有一種稀有金屬 95% 的全球產量——對美國核反應爐運作至關重要的釤 149，[1] 中國利用獨占地位，以高價將釤 149 賣給美國，可以預期的是，納稅人的電費將暴增，且造成華府的政治危機。在安德伍德的建議下，美國同意繞過中國的獨占，向第三者購買釤。結果，安德伍德推測：「中國將被迫降低價格，好繼續直接和我們打交道。我們將為自身防禦需求建構釤的庫存……而且我們還可偷偷將多餘的部分，賣給我們的盟友。」

建構稀有金屬庫存，以滿足美國軍事需求——五角大廈的戰略家已長期思考這個議題。這些礦石對美國的軍火庫至關重要：在坦克、驅逐艦、雷達、智慧型炸彈、反步兵地雷、夜視設備、聲納、以及美國海軍已在波斯灣測試的新雷射砲中，都存在這些稀有金屬。[2]

特別是，這些資源將在即將展開的去物質化的衝突中，愈來

愈具戰略價值。在二十一世紀，戰爭前線倍增：交戰方不會只在陸地上開打，還會在空中、太空中、網路上與媒體上開戰。我們試圖摧毀敵人的通訊網路、監控影像，也試圖操縱輿論、重新詮釋歷史。簡單來說，我們拋棄陸地實戰，轉往電子戰、媒體戰、虛擬戰爭的更高領域。[3] 要這麼做，需要有伺服器、無人機、空中預警機、人造衛星系統、火箭助推器、以及稀有金屬。換句話說，我們愈是將戰場的位置拉高，我們需要往地底挖得愈深。

就實體的數量而言，軍隊對稀有金屬的需求非常少。一名專家表示，美國國防工業每年總共進口兩百噸的磁鐵，是全球產量的 0.25%。[4] 就某種稀土金屬而言，一名倫敦分析師甚至估計，美國國防未來三十年的需求，只要一個背包就夠裝了。[5] 然而在美國總統川普的決定下，身為全球最強大軍事力量的美軍，2020 年的預算高達七千三百八十億美元；[6] 若這幾袋的稀有金屬無法送達軍火工廠，美軍的戰力將大打折扣。

 ## 狗狗理毛取代精準炸彈

五角大廈幾十年來仰賴某些美國的磁鐵製造商來供貨，其中最重要和具戰略意義之一為麥格昆磁（Magnequench）公司。根據專家表示，麥格昆磁甚至曾製造全球最佳的稀土磁鐵：麥格昆磁的工廠是波音公司的艾布蘭（Abrams）坦克與 JDAM 智慧型炸彈的生產鏈中心，這兩種武器皆用於阿富汗戰爭與伊拉克戰爭。

　　麥格昆磁這家美軍關鍵供應商，是在印第安納州的瓦爾帕萊索（Valparaiso）成功發跡。瓦爾帕萊索是個無趣小鎮，僅有三萬兩千居民，離芝加哥車程兩小時。麥格昆磁的一位前員工盧娜（Terry Luna）同意陪同我們前往製造區。建築物儘管有點生鏽斑駁，依然直立在夏天潮溼悶熱的空氣中。不過，建築物內的活動卻變了。這位身形圓胖、聲音帶有鼻音的女士回憶道：「我開始在麥格昆磁工作時，是做櫃檯的工作。現在，你看到那邊的招牌寫著 Coco Cabana Canin（可可卡班納狗狗），這是大家帶狗來的地方。」

　　現在這個地方的經理是個金髮年輕女性，穿著醜陋的 T 恤和牛仔褲，她誠摯的歡迎我們。我們穿過現今用來為狗狗舉辦生日派對的大廳，接著是一間販賣狗用洗髮精和理髮剪的店鋪，裡面的貨物都是「中國製造」，一切似乎理所當然。參觀行程最後來到中央倉庫。盧娜回憶著，幾乎止不住淚水：「我們曾在這裡存放炸彈、導彈的磁鐵和許多武器，全都給賣掉了！都不見了，這裡現在給狗狗用！」

　　的確，2006 年，麥格昆磁關閉瓦爾帕萊索的戰略性工廠，並搬遷到……北京東南方一百三十公里的天津市。[7] 盧娜補充說明：「中國人甚至學得我們的產業機密後，一走了之。兩百二十五名員工被裁員，這是美國悲慘的寫照：最具工作能力的工人，拋棄生產工具，轉為服務寵物。」

　　北京宣示其工業強權地位之際，麥格昆磁的命運顯示了北京

的新軍事野心。在年度國防預算上，中國軍隊躋身世界第二，僅次於美國：中國於 2019 年國防預算花費一千七百七十億美元，而在 2010 年為一千兩百三十億美元。[8]中國的目標是要在 2049 年奪下美國冠軍的位置，這是中華人民共和國建政百年的時刻。

中國軍隊從 1980 年代，開始進行了三重轉型：首先是教義轉型，因為鄧小平捨棄「人民戰爭」的教條（主要是在中國境內打仗），轉而追求「現代條件下的人民戰爭」（軍隊今後可能在國家邊境或國外介入）。接著是組織轉型，捨棄龐大的人數而傾向人員縮減的職業軍隊。最後是科技轉型，第一次波灣戰爭讓北京瞭解到，在這方面和美國的巨大差距。[9]

為了達成第三項轉型，北京絕對思考過原物料歷史的重要教訓：「金屬」與「和平」很難相處愉快。

六千年前，人類第一次熔化銅時，拋棄了用來切割的燧石和角岩，轉向更鋒利、更堅硬的用具。但這項進展最多只能讓人類改善狩獵技巧，直到兩千年後，蘇美人發現了更堅硬的青銅（銅錫合金）。這次，帝國與文明群起製造長劍、匕首、斧鉞，籌組軍隊，以及投入史上第一次軍備競賽。[10]

大約在西元前 1200 年，在現今土耳其的南方，西臺人熔化一種更輕、更堅韌的金屬——鐵，他們用鐵製造出更容易操控且更強大的武器。根據某些歷史學家的說法，這些武器使歐洲人得以征服美洲。[11]

1914 年，輪到鋼在工業戰爭中翻轉歐洲。這個鐵和碳的合

金，能夠製造子彈殼、第一批現代破片手榴彈、第一次世界大戰的更耐用軍人頭盔和裝甲坦克，造成我們所知的大屠殺。

每當一個民族、一個文明、一個國家掌握一種新金屬，其用途總會伴隨著巨大的科技提升和軍事進展，以及愈來愈血腥的衝突。現在輪到稀有金屬了，尤其是稀土金屬，來改變現代衝突的面貌。中國清楚知道，誰能掌握生產和應用方式，就能享有公認的戰略和軍事優勢。因此將目標瞄準麥格昆磁，取得該公司的專利，接著是掌握機密，這是完全連貫的做法。

回過頭來，麥格昆磁事件對美國國安造成嚴重問題，CBS 頻道的知名節目《六十分鐘》於 2015 年向大眾揭露此事。只需要這間工廠離開美國境內，就能讓世界最強軍隊，為了戰爭科技某些最具戰略性零組件的供貨，而臣服於北京。美國是如何落入如此嚴重的窘況？

 ## 麥格昆磁握在紅二代手中

「我在國防部工作了二十一年，研究技術移轉的問題。這些年期間，麥格昆磁事件是我所知道最嚴重的五個案件之一。」萊特納（Peter Leitner）在事件當時是美國國防部的高層公務員，他的任務是檢視所有可能危害美國軍事主權的科技出口行動，且在必要時要求阻擋。麥格昆磁的併購行動，實際上在工廠真正遷移的幾年前就開始了：在 1990 年代，柯林頓總統任內。美國通用

汽車集團是麥格昆磁的企業主，當時同意將這家磁鐵製造公司賣給中國人，以換取在上海設立汽車生產工廠的許可。[12]

同一時期，萊特納和同僚已在應付另一件案子：肯塔基州的美國坩堝材料（Crucible Materials）集團，將旗下的稀有金屬磁鐵製造事業，出售給在加拿大亞伯達省股票上市的公司：YBM 磁石國際公司。乍看之下，YBM 是一家完全合法的企業，甚至在美國費城設有總部和倉庫。但更深入的調查很快顯示，該集團是「紅色黑手黨」的門面，這是俄羅斯的犯罪網絡，利用蘇聯垮臺後留下的空缺，繁榮興盛。

YBM 和一連串有著黑暗過去的商務人士，有許多牽扯，其中包括莫吉列維奇（Semion Mogilevitch），他是烏克蘭公民，聯邦調查局後來稱他為「國際詐欺犯和殘忍罪犯……涉入全球層級的武器走私、謀殺、勒索、毒品及賣淫」。[13] 在磁鐵商業交易的掩護下，YBM 實際上專門將紅色黑手黨在俄羅斯與許多前共產聯盟國家的犯罪活動所得，進行洗錢。

坩堝材料集團把磁鐵生產事業出售給 YBM，仍於 1997 年 8 月 22 日生效。很肯定的是，從這天起，美國國防產業必需的磁鐵生產，一部分落入幫派的掌控中。YBM 的管理階層收購一間如此具戰略價值的產業，他們是否是為了攫取更高層級的地緣政治利益呢？完全瓦解的蘇聯，當時似乎無法操縱這樣的行動，這起案件主要人物的動機，到今天依舊模糊。

麥格昆磁收購行動的利益關係人，也很快被發現同樣可疑。

麥格昆磁的購買人為小考克斯（Archibald Cox Jr），身為創投公司六分儀（Sextant）集團的總裁，小考克斯不僅是 1973 年調查水門事件[14]的知名檢察官的兒子，他尤其是經驗豐富的商人，知道這項收購行動有利可圖。萊特納回憶：「小考克斯是個狡猾伶俐的人，積極蠱惑擔心這樁交易的國防部最高層官員，告訴他們：『別叫我考克斯先生，叫我亞契就好！』那些傢伙被他誘惑，甚至準備同意小考克斯的任何請求。真是令人難以置信。」

但是萊特納和他的同僚很快相信，小考克斯與六分儀集團只是華府到北京之間的過道。透過在加勒比海避稅天堂註冊空殼公司的微妙手法，令人心生疑慮的中國商人，和這宗買賣有關。「其中一人是紅二代（中共元勛的後代），更明確的說，是鄧小平的女婿。」

眾所周知的是，由於亟欲維護具戰略性非鐵金屬部門的永續性，鄧小平將一家龐大的國營礦冶集團，即中國有色金屬工業總公司（CNNMIC）的掌控權，轉交給他的女婿吳建常（妻子鄧林是鄧小平長女）。[15] 然而，也就是這位吳建常，透過中國有色金屬工業總公司在紐約成立的分公司之一，直接對麥格昆磁的交易展現興趣。

萊特納接著發現，涉入行動的不是鄧小平的一位女婿，而是兩位。張宏是鄧小平女兒鄧楠的先生，也是中國企業北京三環新材料高技術公司的董事長，該公司為麥格昆磁的最終收購者。因此，非常清楚的是，這家美國企業的出售不同於其他商業交易。

萊特納確信：「顯然在這個故事中，有相當可疑的部分。」他表示曾將此問題向上級呈報。「我們一再示意這一切，努力不懈的強調我們的觀點。最後，我們的政府不理會我們。」

 ## 「中國門」醜聞

　　民主黨政府的怠惰，和中國執行一項 1978 年就正式頒布的指導原則一樣驚人：「十六字方針」。[16] 這項戰略原則由鄧小平欽定，內容為取得「軍民雙重應用」的科技，以最終加強中國軍隊的力量。麥格昆磁是製造此類科技之企業的最佳範例，因為磁鐵能夠用於美國通用汽車集團生產的車輛，對美軍也大有用處。

　　十六字方針的出發點很合理：中國遭受美國的武器禁售與禁運令，難以取得軍事科技，比較容易的做法是收購外國公司，其民用知識之後可以轉為用於更具侵略性的目的。在接下來幾年，這項戰略造成中國對美國間諜行動的大幅擴散，程度嚴重到一位美國前反間諜負責人估計，「就對美國從事間諜活動而言，中國情報單位是（全世界）最具侵略性之一」。[17] 不過，一位法國研究員表示，北京對兩項科技特別有興趣：能夠發展網路戰的科技（即軍隊利用資訊系統提升功效的能力），以及智慧型炸彈（正是運用了麥格昆磁所製造的磁鐵）。[18]

　　換句話說，任何熟知北京意圖和謀略的美國政治人物，都明白像麥格昆磁一樣的企業，必定是中國軍方鎖定的目標。當然，

小布希也是如此，他原本可以阻擋瓦爾帕萊索工廠於 2006 年遷移至中國（小布希當時是總統）。但是美國當時主導一場全球反恐戰爭，所有和伊斯蘭基本教義派無關的威脅，幾乎都不受白宮關注。2008 年，希拉蕊進行民主黨內總統初選，之後敗給歐巴馬，她初選期間在印第安納州一場會議中，堅稱小布希在阻止麥格昆磁悲慘的命運上，「什麼都沒做。」若干稀有金屬專家強調希拉蕊虛偽，因為幾年前，就是她的夫婿放任達成交易的談判進行，儘管許多國防部的高層官員已提出警告。

為何民主黨政府如此漫不經心？麥格昆磁案件在此出現完全模糊不清的轉折。事件發生當時，一連串的技術移轉已開始在美國軍事產業和磁鐵製造商的小圈子裡引發疑慮。磁鐵製造業的專家康士坦丁尼德斯（Steve Constantinides）向我們訴說，當他的同業觀察到，白宮提供北京美國彈道科技的機密資訊，且持續三年至四年，他們感到非常震驚錯愕。康士坦丁尼德斯宣稱：「美國和中國分享有關飛彈科技的工業機密，而且是柯林頓強迫他的政府這麼做的。」[19]

整起事件的來龍去脈為何？「每個人都各有動機。」康士坦丁尼德斯避談此事，不願再多說。[20] 其他人，例如萊特納，則轉述（但未提供任何證據）到今天仍未證實的謠言：「有些人表示，這是中國軍方給予共和黨、民主黨、白宮、甚至柯林頓夫婦賄賂的回報。」

萊特納之後共同製作了多部紀錄片，他們調查了民主黨政府

與中國於 1990 年代發展的祕密關係。眾所周知的是，北京支持柯林頓和他的競選搭檔高爾（Al Gore），在兩人忙著準備 1996 年競選總統連任時，北京試圖提供金錢支持民主黨。中國委任許多中間人轉匯資金，儘管美國選舉法禁止任何非美國公民以金錢介入選舉過程。

這些中間人裡，有一位神祕的男性鍾育瀚。這位華裔美國公民非常接近柯林頓夫婦，鍾育瀚的活動如此不透明，使他不久後被稱為中國給予民主黨資金的主要收款人之一。之後證實，這位商人將中國軍方高層間接匯給他的大筆金錢，交予白宮。

這些事件已有美國媒體報導，萊特納擔任證人參與的一部紀錄片，也記錄了此事。[21] 在 1993 年至 1995 年擔任中情局長的伍爾西（James Woolsey）也同意接受導演訪問。當被導演問到，為何柯林頓在兩年內只接見他兩次，而鍾育瀚則在同一期間內進入白宮五十八次，萊特納回憶道：「伍爾西先生無法回答，他最後說：總統的行事曆自有說明。」

鍾育瀚也促成資金的來源——中國人民解放軍的一位高階軍官，在洛杉磯一場募款晚會，和柯林頓總統親自會面。[22] 司法部門很快就關切這件事，《華盛頓郵報》揭露了聯邦政府的調查，直指中國駐華府大使館扮演重要角色，統籌中國干預美國大選的企圖，[23] 甚至導致民主黨被迫將數百萬美元的政治獻金，退還給許多捐款人。[24]

這起醜聞稱為「中國門」（Chinagate），導致數十人被定罪，

其中包括中間人鍾育瀚。相反的，民主黨高層從未受到調查，當時的司法部長雷諾（Janet Reno）拒絕任命特別檢察官，將這些勾當查個水落石出。值得注意的是，後來川普陷入「通俄門」的爭議，似乎再沒有人記得這樁已獲證實的「中國門」醜聞了。事實上，「中國門」牽涉的是對華府利益危害更大的國家。

民主黨陣營獲取的不明補助，是否可能致使柯林頓總統洩漏科技機密，做為回報？白宮是不是認為，這次技術移轉並不像戰略家所說的如此具有戰略價值？或是白宮認為，不管有沒有麥格昆磁的專利，中國人反正在短期內都會取得這項科技？許多晦暗不明之處依舊存在，我們或許永遠無法釐清。無論如何，萊特納強調：「柯林頓政府強烈傾向於同意所有中國想要的。」

對我們來說，懸而未決且值得進行數個月調查的，是下面這個問題：稀土磁鐵是不是「結合了貪汙腐敗、犬儒主義、權力欲望的巨大拼圖」中，最重要的那一片呢？

 ## 南海——海上火藥庫

有件事是確定的，萊特納強調：「藉由收購麥格昆磁，中國已取得他們所缺乏、用來改善長程飛彈的科技。」但我們無法確定美國的這項科技，是否已用於東風 26 型中程彈道飛彈和東風 21D 型反艦彈道飛彈上。東風 26 飛彈的射程，原則上能打到關島上的美軍基地。東風 21D 飛彈有「航母殺手」的稱號，中

國曾於 2015 年在北京舉辦的「紀念中國人民抗日戰爭勝利七十週年」的壯觀閱兵中，向全世界展示這款飛彈。

東風 21D 飛彈於 2010 年開始服役，已成為北京這幾年在南海實施「禁止進入」政策的支柱。南海從中國海岸一直延伸至越南南部，控制這片海域使中國的戰略縱深增加，既可享有大量的海外碳氫化合物，且可監視全球半數的石油交易。這對於日本、南韓、越南、菲律賓，尤其是美國，是不可接受的未來發展。此外，60% 的美國戰艦將於 2020 年以前部署在太平洋。[25] 這裡幾乎沒有一個星期完全無海上事件發生，確實是個「海上火藥庫」，可能成為美中衝突的導火線。

就全球範圍來看，西方的軍事優勢仍是毋庸置疑的：美國軍備支出占全球的 36%，而中國只占 14%。[26] 然而北京掌握的先進彈道科技，已改變了南海的權力關係。萊特納預測：「未來若發生戰爭，我們的軍隊將面對實力更堅強、裝備更優、更現代化、科技先進的敵人，但他們原本不該如此。這代表我們在太平洋的地位可能會倒退。」

中國是全世界第二大經濟體，和美國的關係大幅惡化。川普總統和北京進行激烈的貿易角力，而就像之前所說的，川普的幕僚預測十年內可能和中國在南海發生戰爭。在這樣的情境下，美國面對提供自己某些重要零組件的敵人，壓制力不會被削弱嗎？中國難道不懂得在適當時機，利用華府對稀有金屬的依賴，不是在貿易談判中大打稀土牌，就是試圖在軍事上造成美國的困擾？

2017 年在參議院情報委員會作證時，當時的中央情報局局長蓬佩奧（Michael Pompeo）強調，美國依賴中國稀土供應的問題，對中情局仍然是「非常令人憂心的嚴重問題」。[27] 但是蓬佩奧沒有說明中央情報局具體採取了什麼行動，來解決這個問題。

德克薩斯礦產資源（Texas Mineral Resources）公司的總裁馬奇斯（Anthony Marchese）曾經於 2014 年，直接詢問莫雷爾（Michael Morell）這個問題，莫雷爾於 2010 年至 2013 年擔任中情局副局長。馬奇斯說道：「莫雷爾告訴我：『好消息是這個議題在我的電子郵件信箱中，中情局完全曉得這個問題。但壞消息是它在電子郵件信箱的底部，因為白宮從未向中情局表示，稀土金屬是優先項目。』」

帶頭行動必須來自白宮。希望重啟美國礦業活動的川普總統是否傾向於重新啟用隘口礦場，以確保美國的戰略獨立性？川普的商務部長羅斯（Wilbur Ross）曾經宣布，希望阻擋中國鋁的進口。鋁不只是用於製造汽水罐，也同樣用於許多美國軍備項目。羅斯說：「我們的軍工業需要更多極高品質的鋁之際，我們卻製造得愈來愈少，且只擁有一家鋁製造公司，可供應航空業所需的品質。」[28]

川普於 2017 年 7 月 21 日要求幕僚撰述一份評估報告，目的是衡量與加強美國國防工業後勤鏈的韌性。[29] 這份報告於 2018 年春天上呈總統，成為保障美國軍事主權的美國產業資料庫，也將使得美國的礦業活動開始重啟。報告中特別指出所有「個別弱

點」，意即非常重要的企業與工廠名單，它們的消失可能會癱瘓整個美國國防工業。

馬奇斯再度試圖瞭解更多白宮的立場。2017 年 9 月，他有機會和撰述報告的其中一位作者，在白宮外的一間咖啡廳對談。交談中獲知，「白宮不樂見美國向中國取得稀土的供應。此後，政府考慮在軍事合約中，加入他們稱為『購買美國條款』（Buy American Clause）。」根據這項保護主義條款，美國軍工集團將來必須只能在美國取得軍事零組件的供貨，這應能合理的重啟在美國境內的稀土生產和精煉事業。[30]

2019 年，美國政府公布另一份報告，建議透過重啟稀土礦場、回收、以及尋找新的替代品，來減少美國對中國供應鏈的依賴。[31]美國商務部長羅斯證實，聯邦政府將會「採取前所未見的措施，以確保這些重要材料對美國的供應不會中斷。」[32]另一方面，內政部列出三十五項被視為「對美國國安和經濟至關重要」的礦物。[33]阿拉斯加州共和黨參議員穆考斯基（Lisa Murkowski）對此非常積極，她試圖推動通過一項有關美國礦物安全的法案，她表示：因為「我們對中國的依賴 ...... 導致我們失去就業機會、削弱我們的競爭力，以及讓我們在地緣政治版圖上，落入不利的情況。」[34]

但現實是，「儘管川普總統如此表態，到目前為止仍然沒有什麼重大改變。」一名美國專家如此觀察。[35]美國政府對這個問題的看法分歧。希望維持現狀者認為，為了換回稀土供應的主權

而投資巨大金額，似乎並不值得，因為稀土金屬的產量仍太少，而五角大廈總是能找到供貨的方法（包括向黑市取得），美國的軍事霸權並未受到威脅，以及無論如何，中國絕對不敢特別為了破壞美軍供貨的穩定，而挑起一場大規模危機。

但若沒有找回礦物主權，美國將放任北京悄悄以其爪牙包圍美國，就像玩圍棋一樣。馬奇斯警告：「如果我們放任中國再這樣下去十年，美國將不再享有今日的軍事優勢地位。」警鐘已經敲響了，例如，川普才剛於 2019 年春天，禁止中國巨擘華為進入美國電信市場，習近平馬上就與負責經濟事務的國務院副總理劉鶴，親赴金力永磁科技公司的一間工廠視察，這是位於江西省贛州市的一間稀土製造公司。[36] 中國國家主席在這個場合沒有說一句話，但沒有人不懂他參訪的意義。若是兩大強權間的貿易緊張情勢升高，習近平暗示，北京能夠中斷對競爭對手的稀土金屬出口，做為報復。官方媒體新華社也立刻證實：「美國對中國發起貿易戰，將冒著失去其強大科技重要材料供應的風險。」[37]

和北京的緊張情勢顯然已達到高點，美國其實相當脆弱，華府若無法鞏固礦物主權，無法削弱中國在稀有金屬生產的優勢地位，將會自食惡果。

不過，即使華府要採取行動，可能會遇到一些困難。這些困難類似於數年來，民主黨政府、共和黨政府、新銳戰鬥機 F35 閃電 II 的製造廠洛克希德馬汀（Lockheed Martin）公司所面對的兩難抉擇。

當中國磁鐵撼動五角大廈

　　這起事件須回溯至 1973 年，美國在那一年通過一項法案，禁止向國外供應商購買將特別用於軍備科技的金屬。[38] 國會議員認為，考量到鈷、鋯或鈦製成的零組件在美國軍火庫的重要性漸增，持續發展有能力提供這些產品的國家工業體系，能夠讓美國在戰時保有供應的主權。

　　1990 年代初期，美軍著手進行一項巨大的挑戰：製造一款可匹敵法國飆風（Rafale）戰機的新銳戰機，這即是洛克希德馬汀公司研發的 F35 第五代戰鬥機。這款隱形戰機由美國諸多盟友共同出資，已花費四千億美元，這是美軍所啟動最昂貴的計畫之一。美國對此的寄望，和納稅人的帳單金額一樣高：F35 應當不僅僅能讓美國稱霸空中，還能促進國防工業持續發展，以及平衡對外貿易逆差（在未來數十年，會有兩千五百架 F35 戰機出售給澳洲、英國、荷蘭、以色列、義大利、土耳其、日本與南韓），同時創造數萬個本土就業機會。

　　然而 2012 年 8 月，洛克希德馬汀的兩家最重要的外包商：諾斯洛普格拉曼（Northrop Grumman）與漢威聯合（Honeywell），向美國政府說明他們關於稀土磁鐵的憂慮。他們負責提供這些磁鐵，置入 F35 隱形戰機的雷達、起落架和電腦系統中。諾斯洛普格拉曼發現，已出廠的一百一十五架隱形戰機上的雷達，所含的磁鐵不是來自美國僅存的製造商，而是由競爭對手的中國成都航

磁科技有限公司製造。一名無良的中間人，似乎鑽了美國法規的漏洞；換句話說，F35計畫的某些部分遭到非法行為玷汙，而若還要持續購買這些零組件，實在令人費解。

五角大廈被告知此事，並由負責採購、物流與科技的國防部副部長肯德爾（Frank Kendall）進行處理。情況頗為複雜：等待美國磁鐵製造商能夠取代中國、提供珍貴的零組件，可能延遲F35的部署。為了以美國零件更換有問題的磁鐵，拆解所有已在服役的戰機，將造成高昂的成本。

五角大廈開始考量，基於F35延緩部署可能導致國家安全遭受風險，是否可能啟動1973年法案的豁免條款？但也有許多高層人士謹慎以對：我們是否能確定，中國供應給F35業者的稀土磁鐵，裡面只有礦物，而沒有間諜軟體？是否存在以下的危機：造價四千億美元的計畫，遭到一些個別價值不超過兩美元的磁鐵「汙染」？美國若是放棄對稀有礦石下游鏈的掌控，而讓中國得逞，美國難道不是白白送給競爭對手竊取軍事機密與迎頭趕上的機會嗎？

這些問題引出另一個已多次提出、更廣泛的國安問題：如何確定中國在微處理器和其他含有稀有金屬的半成品中，不會置入特洛伊木馬？而這些產品現今已銷往全世界，包括西方國家的軍隊。2005年，五角大廈有一份報告也指出，置入電子系統（包括美國軍火庫常見的電子系統）的惡意病毒，可能會在激烈戰事發生時，干擾戰機的良好運作。[39]

　　五角大廈的這份報告，加深了更多憂慮：美軍其他軍備用品含有來自中國的原物料，例如，波音研發的洛克威爾 B1 槍騎兵長程轟炸機、洛克希德馬汀的某些 F16 戰機、雷神（Raytheon）公司最新的標準三型反導彈飛彈。

　　正當美軍與許多西方盟友的科技優勢遭受風險之際，中國與俄羅斯正全力發展自己的隱形戰機。肯德爾副部長要求洛克希德馬汀公司，儘快找出解決方法。但是，一個個更換磁鐵是不可能的。礙於時間壓力，以及預算受到嚴格限制，而且判斷中國置入惡意科技零件的風險並不真確，肯德爾決定：1973 年法案的禁制令，不適用某些由中國成都航磁科技公司製造的稀土磁鐵（該公司之後成為 F35 的正式供應商）。[40]

　　美國無法不使用中國磁鐵，五角大廈直到今天都還重申這項特許。馬奇斯表示：「生產 F35 的業者持續購買中國稀土金屬零組件，現況就是這樣。」

第 **8** 章

礦產資源爭奪戰

中國共產黨想要魚與熊掌兼得，

他們打算把礦場的生產重擔分攤出去，

同時保持在戰略性礦物市場的霸權。

為此，北京已發展出一項巧妙的計畫。

數位科技、知識經濟、環保能源產業、電力運輸和儲存、太空和國防產業——我們對稀有金屬的需求愈來愈多元化，且呈倍數式成長。我們每一天都會找到稀有金屬的新奇蹟特質，以及前所未見的應用方式。

我們的科技設計、對綠色世界的渴望的唯一限制，似乎只有我們想像的能力，而整個地球也會跟隨我們，不是嗎？我們因此打算將採礦的領域延伸至整個地球。無論我們推測出什麼結果，總是會有山脈的一方、丘陵的一角、山谷的一塊，藏有豐富的寶藏，讓我們能夠開採活性成分、獲取一些神聖粒子的聚集體、提供每個人每年需要的二十克稀土。

乍看之下，沒有什麼是不可能的：在第一次世界大戰結束後到 2007 年之間，十四種對全球經濟相當重要的礦物的年產量，已增為二十倍。[1]礦產消費量開始暴增的時刻，恰巧是第二次世界大戰結束後，且幾乎所有指標都出現這樣的上升趨勢：壽命、消費額、財富累積、持有商品數量、交換的電子資料數量、全球暖化……。

那麼，接下來的世紀會給予我們什麼應許？這樣瘋狂的成長步調是否還會加速？如果全球經濟持續以 3% 的年增率成長，如同過去二十年一樣，總值將於 2041 年成長為今天的兩倍。換句話說，按照這個邏輯，在你閱讀這些字句的這一刻，所有興建的、消費的、交換的、丟棄的，基本上將在不到一個世代的時間內倍增。未來將有兩倍數量的高樓建築、高速公路交流道、連鎖餐

廳、大型畜牧農場、空中巴士客機、發電量、資料儲存中心。未來會有兩倍的汽車、聯網物品、冰箱、鐵絲網、避雷針……，因此將會需要兩倍的稀有金屬。

 ## 邁向金屬匱乏？

現在已經有一些對未來需求的預估。2015 年在巴黎勒布爾歇會展中心裡，氣候談判的會議廳旁邊，開了一場研討會，一些專家已在此公布他們的預測。[2] 他們預言，在 2040 年以前，我們必須開採現今三倍數量的稀土金屬、五倍的碲、十二倍的鈷、十六倍的鋰。

法國國家科學研究中心（CNRS）研究員維達爾（Olivier Vidal）甚至進行一項研究，主題為：中期時間內，支撐我們高科技生活模式必須的所有金屬。[3] 他的研究報告於 2015 年出版，[4] 曾獲英國廣播公司（BBC）報導。維達爾同樣在歐洲三十多場會議中進行演講，聽眾大多數是學生。維達爾引起的關注，就這樣而已。

然而維達爾的研究報告，應當成為全世界各國元首的睡前讀物。維達爾以最被廣泛認可的成長前景為基礎，首先強調：為了維持對抗氣候暖化的步調，必須從地底下開採龐大數量的金屬。以風機為例，這個市場於 2050 年前，需要「三十二億噸的鋼、三億一千萬噸的鋁、四千萬噸的銅」，[5] 因為風機比之前的科技消耗更多的原物料。維達爾指出，和使用傳統燃料的設施相比，

「以同樣的發電能力，風機……基礎設施需要十五倍的水泥、九十倍的鋁和五十倍的鐵、銅、玻璃。」[6] 世界銀行於 2017 年進行自己的研究，世界銀行表示，太陽能和氫也是如此，「構建這些系統……比使用傳統能源的系統，顯然需要更多的資源。」[7]

所有的結論都很反常：由於全球每年消耗金屬量以 3% 至 5% 的速度成長，「為了滿足在 2050 年前的全球需求，我們必須比人類起源至今，向地下開採更多金屬。」請讀者原諒我們再次強調：我們將於下一個世代，消耗和過去七萬年來一樣多的礦物，等同於過去的兩千五百個世代。我們七十五億的當代同胞，將比曾經來過地球上的一千零八十億人口，耗用更多礦物資源。[8]

不過，維達爾坦承自己的研究並不完備，若要計算出綠色轉型的真實生態足跡，就必須對原物料的完整生命週期，採取更全面而周延的評估方法，包括量測：採礦業所消耗龐大的水量，運輸能源、儲存能源和使用能源造成的二氧化碳排放量，回收綠色科技產品對環境的衝擊量（這點鮮為人知），所有相關產業活動對生態系造成的各種汙染成本，更不用說「生物多樣性」遭到減損的隱性成本了。

「這真是令人頭昏眼花，」維達爾坦承。不過，幾乎沒有政治人物實際瞭解這些面向。維達爾表示，這幾年他曾試圖對法國研究部長提出這個主題的示警，可惜啊，「我從來都沒能夠跨過行政階級最低階層的第一道關卡。」

戰略金屬委員會的前祕書長萊格（Alain Liger），也一樣感到失

望。萊格在 2015 年聯合國氣候變遷峰會期間，籌辦了一場稀有金屬的研討會。「我寄信給賀雅爾（Ségolène Royal，當時的環境部長）、馬克宏（當時的經濟部長）和法畢斯（Laurent Fabius，當時的外交部長）。我接到馬克宏辦公室的一通電話，告訴我舉辦這場圓桌會議令人敬佩。相反的，法畢斯先生和賀雅爾女士沒有任何回應，但他們卻是負責氣候談判的兩位部長。」[9]

我們顯然正面臨一個罕見的問題。一方面，能源轉型的代言人向我們保證，我們可以無止盡的利用取之不盡的能源來源，即潮汐、風力、陽光，來運轉我們的綠色科技。但是，另一方面，稀有金屬獵人警告我們，我們有一天，可能會缺少許多種類的原物料。我們已經有瀕臨絕種的動物和植物物種清單，不久後將列舉瀕臨耗盡的金屬紅皮書。

的確，依照現在的生產速度，有十五種主要金屬與礦物的可獲利儲量，可能會在五十年內耗光；另外五種金屬與礦物（包括鐵，不過鐵蘊藏量豐富）的耗盡時間，將會是在二十一世紀結束之前。[10] 在短期或中期時間內，我們正朝向釩、鏑、鋱、銪和鈦可能出現匱乏，[11] 鈦與鋼同樣情況吃緊，鈷也是如此——有位美國專家預測，「下次的匱乏將和這個金屬有關，沒有人預見問題的到來，但是期限將會很短。」[12]（參閱〈附錄 14：能源轉型所需主要金屬與礦物的開採年限〉。）

我們是否能夠在未來三十年，利用現有的礦場，供應所需的金屬呢？假如在氣候變遷的效應下，開採和精煉礦石不可或缺的

儲水量大幅減少，將會發生什麼事？一旦我們開採完藏量最豐富的礦場，我們是否擁有新科技能夠開採較貧脊、較難到達、較深入地殼的礦場呢？

許多人將我們的時代比喻為「新文藝復興」：我們處在歷史新一章的開頭，這一章的特色為前所未見的科技發明和探索良機。但要是資源即將匱乏，如何達到這個新境界呢？1492 年，如果哥倫布在沒有木材可用的情況下，沒有找到停泊在安達魯西亞一座港口的兩艘卡拉維爾帆船——平塔號（ *La Pinta* ）和尼尼亞號（ *La Niña* ），會發生什麼事？

 ## 需要多少能源來生產能源？

如果我們無法擁有足夠數量的金屬，那麼，所有相關的外交折衝成就、能源轉型的目標遠大法案、最激勵人心的環境永續呼籲，終將無效。不過，如果我們肯相信現有的可靠資料，就會明白：綠色革命的步調可能會比預期的，還緩慢許多。

特別是，綠色革命將受到中國的引導。中國是很少數擁有審慎的資源供應策略的國家之一。北京不會為了滿足其他國家的渴望，而大幅增加稀有金屬產量。不只是因為北京的產業與貿易政策，使其得以掐住西方國家的咽喉，也是因為中國擔心手中的資源太快耗盡。

稀土金屬的黑市交易，占官方需求的三分之一。黑市加速了

礦場的枯竭，依照這個速度下去，某些礦藏可能在 2027 年即已耗盡。[13]

從現在起，抑制若干稀有金屬開採量的增加，至關重要。為此，中國準備為自己保留所有的生產量。

中國已消費將近四分之三自己所開採的稀土金屬（中國竟是唯一大量供應這項資源的國家），中國甚至可能在 2025 年至 2030 年以前，消耗掉所有稀土生產量。[14] 未來，每當中國新開採一座稀有金屬礦場，無論是在國內或國外，礦產不會再出售給出價最高的買家，而是會撤出國際市場，只賣給中國客戶。無論價格為何，資源將被留住。一位美國專家問道：「還剩下什麼給其他國家？答案是：沒有，什麼都沒有！」[15] 北京將只促進中國綠色科技產業的利益，支持中國能源與數位轉型的成長，而犧牲其他國家的成長。

和所有刻板印象不同的是，地球上汙染最嚴重的國家之一，可能成為更環保與對抗氣候暖化的世界先鋒。

這個情節的可能性，由於下列三項因素而愈來愈高：

▶ 第一項因素是，對資源稀少性的否定。「可利用的金屬不虞匱乏」的想法，依然盛行。1931 年，法國作家瓦勒里（Paul Valéry）已對我們警告：「有限世界的時代已經開始了。」[16] 1972 年，羅馬俱樂部（Club de Rome）的一篇報告，已指出人口暴增、全球經濟成長和資源有限之間的矛盾。[17] 這些最早期的警鐘，響了數十年後，我們的行為並未改變——我們甚

至消費得愈來愈多。我們在資源稀少的世界，繼續蠻橫向前衝，完全沒有深思熟慮。科技轉型的速度，比我們大腦的認知進步程度還要急促。

▸ 第二項因素是，西方國家缺乏礦業基礎設施。法國地質與礦物調查局的局長賴夫雷許（Vincent Laflèche）表示：「一座新礦場在我們說『開挖吧』，到開始產出礦物之間，需要十五年、甚至二十五年的時間。」[18] 然而根據若干預估，為了因應稀土金屬需求的成長，必須在 2025 年以前，每年都開發一座新稀土礦場。[19] 推動的動力稍有遲緩，必定會在未來二十年立刻付出代價。一名美國專家研判：「我認為我們今天生產的稀有金屬，不足以因應我們未來的需求。」他的結論是：「數字並不吻合。」[20]

▸ 第三項因素是，能源報酬率的挑戰。能源報酬率是指：生產金屬所需的能源和使用金屬將產生能源的比例。必須壓碎一噸的礦石，才能獲得一克到五克的金。換算回來，需要開挖的碎石是從中可採得的金屬的一萬倍。[21] 換句話說，麵包師傅或許必須磨碎一整個卡車的麵包，才只能取得三個玻璃杯的鹽。義大利研究員巴迪（Ugo Bardi）解釋：「想像一下，我們被要求自己處理新車內的銅廢棄物。一輛車平均含有五十公斤的銅，主要是電線。當你從汽車業者的服務中心，開新車返家時，後面會跟著一臺大卡車，並在你家門前處理約一噸的礦石。」[22]

　　需要多少能源來生產能源？這個問題對大部分的人來說很奇怪，但對能源學家卻很重要。一個世紀以前，平均需要一桶石油來開採一百桶；現在，在某些鑽油場，一桶石油只能生產三十五桶。探鑽科技效能提升，但最容易開採的油場都已枯竭，必須開挖新油井、更難探鑽的油井，因此需要使用更多能源。至於非傳統原油（頁岩油、油砂），一桶只會生產出五桶。這樣不顧後果的經濟發展方式，讓我們感到荒謬。當有一天，一桶能源只能生產出另一桶能源時，我們的生產模式是否仍然合理？

　　稀有金屬也面臨同樣問題，因為挖掘和精煉稀有金屬需要更多能源。專家宣稱，已證實的稀有金屬礦藏量少於實際存在礦藏量，因為還有礦場待開發，因此不需要擔心會有匱乏的風險。[23]不過，生產這些金屬須消耗 7% 至 8% 的全球能源。[24]若是這個比例上升至 20%、30%，甚至更多時，會怎麼樣？巴迪表示：「在智利，開採銅所需能源在 2001 年至 2010 年間增加 50%，而銅的整體產量只增加 14%。……美國也發生同樣情況，銅產業消耗很多能源。」[25]

　　耗費同量的能源，礦業公司現在開採的鈾是三十年前的十分之一，而且幾乎所有礦物資源都是如此。情況已相當危急，一座礦物含量和 1980 年代相同的礦場，已在礦業界被視為「罕見珍珠」。[26]巴迪總結道：「還有，礦業開採的局限不在數量，而是能源。」[27]

　　我們生產系統的局限性，在今日更為明顯：當有一天，我們

必須消耗的能源多過我們能夠生產的能源，就會達到局限。然而征服的本能，仍促使我們一直試圖推進可能的界限、拓展人類對世界上每個角落的支配權（甚至到了太空，我們之後會提到）。

 ## 稀有金屬礦產的新聯盟

我們搭上開往倫敦的火車，好從古老的地圖中，學習一些實用的教誨，滿足對環保知識的渴望。

在泰晤士河岸，等待我們的羊皮紙文件，稱為「改變世界的地圖」。[28] 將近兩世紀，這份珍貴的文件長眠在倫敦地質學會檔案館的深處。要取得文件，必須穿過伯林頓府壯觀的入口，這幢建築新文藝復興風格的大門，使得皮卡地里街更顯得陰暗。樓梯上鋪著破舊的地毯，在樓梯盡頭的二樓是一個遍布古老藏書的天井，做為閱覽室之用。在一對古老吊燈下，檔案管理員林凱洛琳（Caroline Lam）小心翼翼的整理十五張每邊六十多公分的書頁，拼湊起來就像個拼圖。它們共形成三公尺乘以二公尺的寶藏：歷史上第一批詳細的地圖之一。

大地圖（The Great Map）是英國人史密斯（William Smith）之作。十九世紀初，這位地質學家靠雙腳和騎馬，以十多年的時間環繞英國，目標是描繪地底的礦藏結構。存放在倫敦地質學會的版本是 1815 年第一批印刷版本的其中一份，該年為向大眾公布地圖的時間。必須拿一支放大鏡，我們才能解讀地理名稱，但是很

清楚的部分是：地圖上標示的各種顏色，顯示了所調查的礦物資源多元性──白堊、沙礦、石灰岩、大理石等等。被畫上黑色的是，將使英國在整個十九世紀非常富有的東西：煤炭的礦脈。

史密斯公布他的大地圖之際，英國正處於前所未見的工業革命。在紡織工坊，紡織機利用蒸汽生產的熱能，轉化為機械能，使生產力大幅提升。這些蒸汽機已開始在愈來愈密集的鐵道網絡中，推進稱為火車頭的新機器，促進了商業貿易和社會進步以驚人的速度擴散。不過，為了啟動讓輪子轉動的活塞，蒸汽的溫度必須接近攝氏三百五十度。因此，必須在火爐旁設置鍋爐，並在火爐內添加燃料，即煤炭。

化石燃料不久後，變得極為搶手，「必須知道礦藏的位置在哪裡，」林凱洛琳一邊仔細整理各部分的大地圖、一邊說道。根據史密斯的發現，礦工能夠趕快前往調查到的礦脈，並為英國的新能源需求，提供所需燃料。就這方面來說，大地圖的確改變了世界：它促進了第一次工業革命，並使英國人相當程度上領先歐洲其他國家。由於具有煤炭開採的強勢地位，英國王室坐擁工業、科技、軍事的優勢，並在維多莉亞女王時代，成為全世界最強大國家。

兩個世紀後，我們希望將英國的例子，轉移至能源與數位革命上。要確保稀有金屬的供應，必須更新礦物地圖。這個概念從中國禁運之後開始發展：西方國家、跨國企業和企業家投入一場取得稀有金屬的競賽。不像史密斯的大地圖時代只在國家層級，

這一次是在世界層級，因為資源分布在整個地球。光是稀土，就已在五大洲的至少三十五個國家發現礦藏，北韓甚至擁有某些稀土全球最大的礦藏量。[29] 在巴西，總統博索納羅（Jair Bolsonaro）希望加速鈮的生產，巴西已生產 90% 的鈮。[30]

在中美全面貿易戰之際，澳洲同樣希望在西澳區域增加礦藏開採計畫，因為，根據澳洲國防部長雷諾茲（Linda Reynolds）表示：「我們擁有自己的供應來源是相當重要的，特別是有鑑於我們現在正面臨的地緣政治震盪。」[31] 至於比爾・蓋茲，他甚至對科博爾德金屬（KoBold Metals）公司進行投資，這是一間加州的新創公司，承諾將大數據用於鈷的新開採行動。[32] 之後，許多礦業公司已進行全球數百處稀有金屬礦藏的開採。

這個現象使不理性占了上風：當礦業公司坦承某些礦藏量比宣稱的少很多，投機的泡沫隨即破滅。在這個大型礦物賭場中，有的人短時間內賺大錢致富，也有天真的小股東一夕之間失去所有存款。無論如何，這樣的波動造成地緣政治的翻轉，迥異於簽署〈巴黎協定〉時所表現的博愛理想。

因此，關於稀有金屬開採的新聯盟關係，陸續成形了。東京與德里同意簽署一份在印度開採稀土的合約；[33] 日本也在澳洲、哈薩克與越南，進行積極的稀土外交。德國總理梅克爾數次訪問蒙古，以簽訂礦業夥伴協議。[34] 南韓地質學家與平壤針對共同開採北韓某座礦場，展開正式協商。[35] 法國在哈薩克進行探勘；歐盟也展開經濟外交政策，加強和夥伴國的礦業投資。[36] 川普則表

示希望購買格陵蘭，該地富含鐵、金、稀土和鈾。[37] 這種「御門外交」（mikado diplomatique），意即雙邊協定的增加，以確保稀有金屬的供應，證實了繼承自冷戰的兩極世界將消逝，而在外交場域中，將有愈來愈多的國家和私人礦業要角進入。

這樣的熱潮正在擠壓傳統的權力關係。之前，地底含有豐富礦藏的國家，通常位於南半球，經常被北半球的客戶國施加不公平的開採條件。然而這樣的角色分配正在反轉，因為需求暴增，供應的回應就更謹慎。一名法國專家預測：「鑑於消費國之間的競爭上升，未來將愈來愈不會是進口者決定是否要購買金屬，而愈來愈多是生產者決定是否要出售。這是個新概念，即『競爭性消費』，未來必須以此概念進行妥協。」[38]

 ## 中國維持礦業霸權的長期策略

數波礦物資源民族主義的浪潮，已經使進口國任由供應國擺布，儘管供應國並未比進口國強大。在礦物資源領域，客人不再（永遠）是國王。稀有金屬的地緣政治可能使新要角崛起，它們通常來自發展中世界：智利、祕魯和玻利維亞，因為擁有豐富的鋰和銅礦藏；印度富含鈦、鉻、鐵；幾內亞與非洲南部的地底擁有鋁礬土、鉻、錳和鉑；巴西擁有豐富的鋁礬土與鐵；新喀里多尼亞則有大量的鎳礦。[39]

在稀有金屬的探索過程中，早已展露了赤裸裸的人性，接下

來的能源與數位轉型過程中，肯定會使異議與不和的情況惡化，這不會終結能源的地緣政治，反而會加劇。[40]中國正打算一手形塑這個新世界。吳瑋坦承：「鑑於我們內需的增加，我們在五年內不再能夠滿足自身的需求。」

為了因應這個挑戰，北京在加拿大、澳洲、吉爾吉斯、祕魯、越南，也展開稀有金屬礦藏的搜索。[41]

非洲是所有貪欲的主要對象，特別是南非、蒲隆地、馬達加斯加和安哥拉。由於中國的外交援助，安哥拉前總統杜桑托斯（José Eduardo dos Santos）已將稀土列為礦業發展的重點，以滿足北京的需求。[42]中國同樣開始在剛果民主共和國興建一條鐵路，以開啟富含鈷礦的南部喀坦加省。[43]

礦場的增加，理論上應能打破中國對稀土金屬的壟斷，北京是否準備好，要放棄中國礦產資源在世界上的獨占地位了？是，也不是。中國共產黨想要魚與熊掌兼得，他們打算把礦場的生產重擔分攤出去，同時保持在戰略性礦物市場的霸權。為此，北京已發展出一項巧妙的計畫。

從倫敦到多倫多，從新加坡到約翰尼斯堡，每一場稀有金屬的研討會，都會有一個令人不安的問題挑起辯論：「中國在打什麼主意？」稀土金屬的價格在 2010 年禁運後來到高峰，之後卻崩盤，[44]沒有明顯的原因，因為供需之間的緊張關係依然強烈。許多觀察家認為是北京刻意操縱，讓稀土金屬的價格大幅降低。霍爾加藤（Hallgarten）公司的創辦人艾可斯東（Chris Ecclestone）譴

責：「中國在稀土市場上為所欲為，他們能夠囤積存貨，或是相反的大開水龍頭，使價格下跌。對於非屬中國的礦業公司來說，和這個製造不穩定的政權交手，要規劃可行的長期商業發展模式，會是個難題。當礦物價格是初期預估的五分之一到十分之一，你要如何避免破產呢？」[45]

西方國家在禁運後誕生的大多數替代方案，都被北京的計謀削弱了。鉬業公司位於加州的礦場關閉後重啟，但必須將礦物出口至中國進行精煉，因其缺乏可勝任的精煉設備。[46] 澳洲的萊納斯礦業部門（見第 73 頁）雖有日本助一臂之力（因為日本決定不再對北京百依百順），仍然長期苦撐。在加拿大，許多礦業公司已整個倒閉，開採許可證曾以天價進行協商，現在只值幾百元。

艾可斯東解釋：「中國的策略不是摧毀這些礦產活動，而是讓它們停滯。北京等待著，要以微薄的代價強取這些礦藏。」[47]

正當北京思考著長期戰略，西方人卻再次被短期的思考邏輯困住。營利的誘惑可催化礦業復興，但是可能無法抵抗中國的把戲。儘管稀土金屬是資本主義展現韌性的關鍵之一，但是稀土的開採需要挑戰資本主義的基本邏輯。西方國家是否有能力，從錯誤中學到教訓呢？

當中國無法在商場上損毀西方礦場的資本基礎時，它就以外交手段介入，進行打擊。吉爾吉斯就是一例：加拿大的斯坦斯能源（Stans Energy）公司的董事長，指控中國施壓吉爾吉斯國會，使國會在沒有正當理由的情況下，撤銷其礦物開採許可。[48]

　　若是外交打擊行動也無法奏效，北京就會使出併購的策略。例如中國鋁業集團已表明有意收購加州的隘口礦場；2017 年，隘口礦場被 MP 礦山作業公司收購。不過 MP 礦山作業公司的投資者，包括中國礦業集團「盛和資源控股股份有限公司」。[49]

　　中國也滲入其他競爭公司的資本中：在格陵蘭，同一個中國礦業集團盛和資源，大幅參與恪凡納菲爾德（Kvanefjeld）礦床的開採，該地富含鈾與稀土。這是北京展現經濟智慧、以及在有需要時壓制重要敵人崛起的絕佳方法。

　　透過這個礦業擴張策略，中國瞄準一個大膽的目標：放棄只奠基於國內礦物資源的礦物獨占地位，轉向新的礦業霸主地位，這次則是奠基於中資企業對許多稀有金屬全球生產的掌控。這有點像是已擁有全球最大石油存量的沙烏地阿拉伯，取得石油輸出國組織十四個會員國所有石油庫存的掌控權。

　　可再生能源占我們能源混合使用的比例上升之際，中國對稀有金屬的霸權可能繼續成長──除非西方國家確實致力於參與這場礦物戰役。

第 **9** 章

從陸地到海洋、到太空

從土地、到海洋、再到小行星⋯⋯

這個故事的寓意，應能促使我們深刻反省：

慶祝人類能用更好的方式共享資源之際，

反而造成前所未見的

最大規模挪用地球資源行動。

　　西方國家是否應當重返礦業大國之列？這對某部分的輿論界而言是可恥的、討厭的、卑劣的問題。在法國，總統馬克宏表示贊成，環境學家則表示反對。

　　數年來，這個辯論已成為法國經濟部的對話主題之一。在跨立於塞納河畔的玻璃辦公室中，歐蘭德總統第一任內閣政府的工業振興部部長蒙特布（見第 144 頁）已表示希望重啟法國礦場。在 2014 年訪問蒙莫朗西（Montmorency）鎮的石膏礦場時，蒙特布表示：「法國礦業正在復興……我們希望向我們的國家保證原物料的供應，能夠確保獨立、掌控價格和數量、還有主權。」[1]

法國——沉睡的礦業大國

　　這項宣言符合歐蘭德在 2012 年競選總統期間承諾的重新工業化政策，這也是很務實的宣言，因為法國是個沉睡的礦業大國（參閱〈附錄 8：法國潛在礦場〉）。在 1980 年代初期以前，法國的礦石開採活動相當重要。十九世紀的第一次工業革命，已促成法國許多種類礦石的生產，如鎢、錳、鋅、銻。1952 年生效的歐洲煤鋼共同體（CECA），開啟了法國鋼鐵工業的繁榮年代。在國境東北，從莫里耶納（Maurienne）山谷、到洛林區的丘陵，在國境南邊，從塔恩省黑山（montagne Noire）的山坑、到奧德省穆圖梅鎮的山脈，法國擁有動力強勁的礦業，衍生出數十萬個直接與間接工作。法國甚至曾躋身銻、鎢和鍺的全球主要生產國。

　　為了實踐宣言，蒙特布部長承諾創立「法國國家礦業公司」（CMF），這間機構將擁有可能達到四億歐元的預算，任務包括投資礦業企業、開發非洲的礦業夥伴關係、核發法國本土的開發許可。蒙特布補充，這樣一來，就能夠「使法國重新參與全球自然資源的戰役」。

　　許多專家研究「法國國家礦業公司」計畫，提出諸多問題：更具體的職權範圍是什麼？政府要去哪裡尋找資金？哪些計畫將優先進行？接著，還必須更新之前的法國地底礦物清單。許多地質學家明顯表現出懷疑態度。

　　後來，法國的埃赫曼（Eramet）礦業公司與阿海琺（Areva）能源公司遭遇到金融困境，繼任經濟部長並主管礦業事務的馬克宏，中止了蒙特布的這項計畫。經濟部解釋：「埃赫曼礦業公司與阿海琺能源公司，由於原物料價格下跌而遭遇困難。創立第三個百分之百公立的集團不是太明智的做法，我們寧願聚焦於正在進行的結構重整。」[2]

　　不過，馬克宏並非對振興礦業不感興趣，因為他執行了「負責任礦業」[3]的倡議，這項考量旨在降低未來所有礦業開採計畫對環境的影響。[4]而且，馬克宏也在法國本土與法屬圭亞那，發出十一張研究許可。2017 年，社會黨、綠黨與共和黨等團體，向國會遞交礦業法的改革方案，欲使法國的開採活動能夠符合環境永續發展的目標。[5]

　　隨著進入艾麗榭宮的是法國長久以來最「親礦業」的總統馬

189

克宏，在法國本土與領地重啟礦場的議題再度浮現，這點徹底改變了辯論的本質。在這之前，法國人能夠好整以暇的糾正北京，指控中國操縱原物料市場、忽視國際貿易規則。法國若重啟自己的開採活動，今後法國人就不必指責他國了，得單獨面對自己該負的責任。

此事引起巨大的爭議，政府重啟礦場的宣布，導致非常強烈的抗議行動。從中部的利穆贊大區、到西北部的布列塔尼大區，還有西南部的克勒茲省，公民團體與地方居民群起強烈抗議，高喊「不要在這裡！也不要在別處！」。[6] 許多環保團體傳遞憤怒的訊息，特別是地球之友（Les Amis de la Terre）。這個環保團體對礦業議題非常積極的關切，對礦場的「沉默復興」尤其感到憂慮。他們認為法國政府承諾以環境永續方式開採礦藏，相當「不切實際」，並譴責礦業重啟的「錯誤真相」。[7]

受到法國曾發生許多開採活動導致災難的影響，[8] 法國人反對的理由充分，立場特別堅定。許多西方國家也有同樣的共鳴：在美國，一個非政府環保組織算出，共有五十萬座以上的礦場遭到棄置！[9] 美國環保署甚至估計，「礦業活動汙染了美國西部大約40% 的水源」，若要「清理這些礦場的汙染，可能得花費美國納稅人五百億美元」。[10] 澳洲也有類似結果，該國有至少六萬座關閉的礦場，沒有人知道該如何重啟。[11] 而英國政府認為，「棄置的礦場構成英格蘭最主要的環境威脅之一」。[12]

西方公民的反對邏輯，從所謂的「鄰避」（NIMBY, Not In My

Back Yard）、到極端的「不要在任何地方蓋任何東西」（BANANA, Build Absolutely Nothing Anywhere Near Anything），不一而足。[13] 然而，非政府環保組織的邏輯，也出現前後不一致之處，因為他們之前大聲呼籲的「環境永續的新世界」，唯有倚賴他們現在譴責的骯髒事，才能夠達成。他們不承認，能源與數位轉型等於是「從油田到稀有金屬礦場」的取捨；他們也不承認，對抗氣候暖化需要稀有金屬的製品——那就必須先開採礦石，這是必要之惡。[14]

　　這點在法國經濟部的官方文件中，寫得非常清楚：法國礦場的重啟「是環保轉型邁向永續發展的國家策略架構之一」。[15] 關於礦場的辯論，已讓西方社會理解到中國人長久以來就知道的：西方國家的發展模式有著無法解開的自我矛盾。在更環保世界的夢想與更科技化的世界之間，做出抉擇並不是太容易。

　　不過，所有反對礦業的因素已齊聚，且可能延遲法國的礦物開採復興。法國環境部已斷定，至少十年內，在法國不會有大量的礦物生產。那麼，這對整個稀有金屬產業有什麼影響呢？美國相當於歐洲審計院（ECA）的機構估計，必須至少十五年，才能振興稀有金屬產業。[16]

　　然而，在等待環保運動圈子同意之際，法國礦業文化正在消亡。相關的教育課程並不充足，年輕人也不受地質學行業吸引。地質與礦冶領域的人才流失，恐將在未來數十年，阻礙礦業的重啟。

我們的重啟礦場宣言

請容許我們在這裡宣布：我們贊成在法國和西方國家的礦業開採復興！我們希望以下的立論，能夠讓我們為礦場重啟與否的辯論，做出正面貢獻。

我們的著眼點，不是因為生產的價值、新的財務收入、或是這將創造的數千個就業機會；也不是因為面對生產國拉緊活結，礦物主權能賦予我們戰略性的安全。我們主要的論述是環境，重啟法國礦場甚至是最佳的環境保護決定。因為將我們的汙染產業外移，已造成雙重的扭曲效應：使西方消費者一直無視我們舒適生活模式的實際環境成本，以及放任缺乏環保監督的國家恣意開採與處理礦石，其禍害對地球來說，比在西方國家生產還糟糕。

相反的，將礦場重新遷回法國與西方國家，可能引發兩個正面的效果。

首先，我們會立刻瞭解到我們所宣稱的現代化、網路連結與環保的實際成本，並對此感到震驚。可以想像的是，礦場與我們鄰近，將使我們永遠脫離冷漠和否定，且鼓勵防止造成汙染的倡議。我們無法忍受生活過得和中國人一樣，勢必對政府施加龐大壓力，督促政府禁止所有礦業公司排放一點點的氰化物，杯葛不尊重諸多環保標籤的業者，對產品可恥的「計畫性汰舊」發動大規模抗議（因為這種欺壓消費者的伎倆，導致更多的開採），並且要求政府和業者投入數十億歐元進行研究，好讓所有稀有金屬

能夠完全回收。我們或許也會拋棄神聖不可侵犯的購買力教條，接受多花費數十歐元，購買更乾淨一點的手機。換句話說，我們會相當急切的想遏止汙染，且將獲得迅速的環保進展，我們所有層面的浪費都將大大縮減。

在這情況下，中國的礦業活動將遭受法國與西方礦場參與競爭的衝擊。中國開採業的動力會降低，因此將減少對土地、水流和空氣的汙染。對北京而言，面對資訊更充分、要求更多的消費者，重獲市占率唯一的希望是改善自己的製程和做法。因此，在西方國家提升層級的競爭中，中國的環保和生態系也將是贏家。

我們若不在自家，體驗到我們幸福生活背後的全部成本，將不會有任何根本的改變。我們自己的「負責任礦業」總是好過其他地方的不負責任礦場。這個抉擇是非常環保的、利他主義的、最勇敢的，且符合許多環保組織提倡的道德責任，例如它們抗議歐洲國家將一部分核廢料出口至俄羅斯——環保人士堅稱，我們必須自己承擔廢棄物的處理，將負擔轉嫁他人是不道德之舉。於是他們將自己和鐵軌綁在一起，阻止運廢料的火車離開倉庫。[17]

這個抗爭的理由完全正確，但它既然適用於能源消費鏈的下游，同樣也適用於能源消費鏈的上游：我們應當阻止會造成汙染的礦場外移！而且，環保組織應該在西班牙的阿爾赫西拉斯港口和荷蘭的鹿特丹港口組成人鏈，讓任何來自中國的稀土金屬貨櫃都無法通過歐洲海關；環保人士也應該將自己綁在歐盟各國國會大門的柵欄上，直到國會通過重啟稀土礦場的法案。

巴黎的大海洋

在法國，這些非政府環保組織或許也應該要求政府，更仔細檢視兩位神祕國王的計謀，他們是卡托亞（Filipo Katoa）國王與塔卡（Eufenio Takal）國王，控制著值錢的稀土礦。我們能源與數位轉型的未來，或許要仰賴他們的善意。

2016 年 7 月 12 日，位於南太平洋的兩個法國海外領地 —— 阿洛（Alo）王國與錫加韋（Sigavé）王國，他們的國王卡托亞與塔卡，身著西裝領帶和當地披肩，一起跨過艾麗榭宮的門檻，前來參加向他們致敬的接待會。兩位國王訪問巴黎時，也會見了眾議院和參議院議長，並拜訪海外部。卡托亞與塔卡率領代表團，前來討論王國的重大議題：王國對外開放、區域的經濟動能、更好的醫療照護等。[18] 巴黎高層專心注視著兩位國王，並且提問：如何維持法蘭西共和國（法國）在阿洛與錫加韋的影響力？共和國是否需要增加每年為這特殊關係，所支出的一千五百萬歐元預算？如何消除「收復國土」這種一廂情願的想法，這想法大大冤枉了共和國？

阿洛與錫加韋位在「瓦利斯和富圖那」（Wallis-et-Futuna），是遺落在遙遠大洋洲的海外聚落，位於大溪地和新喀里多尼亞之間。阿洛王國的首府馬拉埃（Mala'e）和錫加韋王國的首府利瓦（Leava）與巴黎相隔一萬六千公里。事實上，瓦利斯和富圖那有三個王國：阿洛與錫加韋位在富圖那群島，烏韋阿（'Uvea）王

國位在瓦利斯島，首府是馬塔烏圖（Mata Utu）。有點複雜的是，傳統習俗危機導致 2017 年時，烏韋阿出現兩位國王，其中一位獲巴黎承認。

這些玻里尼西亞王國自 1887 年簽署保護領地協議，加入共和國後，即構成離本土最遙遠的法國領地。這些王國相當重要，在 2016 年卡托亞與塔卡訪問巴黎時，歐蘭德總統邀請這兩位國王列席總統看臺，參加 7 月 14 日的國慶閱兵，鄰座是紐西蘭總理凱伊（John Key）和美國國務卿凱瑞（John Kerry）。

在瓦利斯和富圖那，幾乎任何事都與共和國的規範不同。共和國地方分權的法律、國際協定、土地法規、道路規則在這裡都無效。在這裡，地方傳統勝過一切，而被賦予神祕力量的「法國最後兩位國王」（即卡托亞與塔卡）則是傳統的維繫者。卡托亞與塔卡非常受到敬重，甚至在瓦利斯島，若是沒有這兩位「大首領」的同意，或至少表示中立意見，勞工工會人員無法發起社會運動。但是國王的權力並非絕對，他們必須和部落組織與一名儀式主持人取得協議，儀式主持人也是地方傳統的守護者。

法國政府每個月支付每位國王五千五百歐元的酬金，使這一切繼續維持。[19] 就像派駐在馬塔烏圖的前副省長西穆內克（Pierre Simunek）所說：「瓦利斯和富圖那是共和制的王國。」[20]

但是在瓦利斯和富圖那的三個王國，還存在另一項違反共和國原則之事：《1905 年政教分離法》只實行一部分。教會在這三個王國的影響力向來非常強大，法國政府已賦予教會進行小學教

育的公共服務任務。而在區域議會，辯論開始之前，總是有一段禱告詞，由拉西里（Ghislain de Rasilly）主教帶領頌唸。西穆內克表示：「議程受到聖靈的祝福，我們做出代表十字架的手勢，之後所有人互相爭吵。」[21]

西穆內克同樣提到一個關鍵點：在議長位置後方的牆上，有一張組織圖表，圖表將法蘭西共和國總統置於瓦利斯和富圖那三個王國的國旗之下，國旗之上為法國國旗，最上方為一個大十字架。這讓西穆內克注意到，法國是出了名的對任何與王位或天主教會有關的一切感到厭惡的國家，而瓦利斯和富圖那的省長與副省長，意即法國派駐此地的最高代表，在這裡居然就像是「王座與聖壇的守護者」。

共和國為了維持對一個僅比巴黎市大一點的領地的主權，竟然容忍這些例外舉措！諸多原因可解釋這個情況。首先，瓦利斯和富圖那使法國能將勢力範圍延伸至太平洋。這樣一來，巴黎可以主張對全球最大海洋和最大貿易區的監督權、影響區域組織進行的協商（如太平洋島國論壇）、以及和太平洋上的鄰國發展夥伴關係，尤其是澳洲。其次，最近一份《國防與國安白皮書》指出：「法屬玻里尼西亞與瓦利斯和富圖那的領地，使法國成為太平洋的政治與海上強國。」[22]

特別是，這幾個玻里尼西亞王國讓法國獨家取得當地人稱為「大鍋」（grande marmite）的所有權。數年來，法國地質與礦物調查局、法國海洋開發研究院（IFREMER）與埃赫曼礦業公司，都

垂涎這塊直徑二十公里、由古老的庫洛拉西（Kulolasi）火山形成的巨大海底火山口。

火山口擁有無價的寶藏：大量的稀土礦藏。

在瓦利斯和富圖那，這項發現的消息引發強烈的緊張情勢。因擔心巴黎侵吞，大首領宣稱擁有土地的祖傳權利，無論是在陸地或是海底。許多富圖那人，加上瓦利斯議員跟隨在後，要求立刻停止開採行動。西穆內克指出：「皇家理事會的一名部長，甚至揚言要因為稀土脫離法國。」[23]

瓦利斯和富圖那潟湖清澈的海水，終究比表面上看來還要混濁，但是法國政府穩住陣腳。歐蘭德總統在兩位玻里尼西亞國王來訪時，在演說中強調：「我們需要團結在一起，所有人團結一致。」歐蘭德提到開採礦物與海底資源的重要性，在演說最後，做出令人耳目一新的總結：「法國萬歲，瓦利斯和富圖那萬歲，共和國萬歲！」

瓦利斯和富圖那不是唯一受到影響的法國領地：大溪地（位於法屬玻里尼西亞的社會群島）和克利珀頓島（位於太平洋東北部）的專屬經濟區，也擁有稀有金屬，藏在海底深處。其他國家也在太平洋和大西洋宣布類似的發現，例如，日本在 2013 年宣布：在東京東南方兩千公里處的小笠原群島外海，發現數量龐大的稀土礦藏。[24] 我們開始瞭解到，占地球表面 71% 的海洋，不只是大片的液體、底部有幾群魚在那裡產卵而已。「藍色經濟」——和海洋有關的經濟活動，具有龐大的致富潛力。

海洋大富翁遊戲

稀土金屬（和能源與數位轉型）的爭奪戰，正在深入海底，新的採礦熱潮正在成形。加拿大鸚鵡螺礦業（Nautilus Minerals）公司是海洋採礦的先鋒，已準備好在巴布亞紐幾內亞外海展開探勘行動，[25] 且已確認未來的另外二十多處海底探勘地點。

海底的探勘大業開始了。絕不會袖手旁觀的中國，已製造出深海潛水器（蛟龍號、深海勇士號），能夠以創紀錄的深度，探勘海底。一名海洋地球科學專家坦承：「北京已經就位了，這必須歸功於西方國家不再擁有的資金優勢。」[26]

還有一件事可看出海底探勘熱潮的端倪：聯合國國際海底管理局（ISA）受到了探勘許可申請書的大轟炸。

法國在這場新競賽中，特別處於有利的位置。巴黎事實上在過去幾年，已成功的執行了經濟海域（專屬經濟區）擴張政策：藉由執行 1958 年聯合國發布的〈領海與毗連區公約〉與 1982 年〈聯合國海洋法公約〉，法國已經蠶食了圍繞某些領地的國際海域，例如：臨大西洋的法屬圭亞那、加勒比海的馬丁尼克島和瓜地洛普島、太平洋的新喀里多尼亞、印度洋的凱爾蓋朗群島。法國現今的經濟海域超過一千一百七十萬平方公里，面積為法國本土的二十倍，這是全球最大的專屬經濟區，排名第二和第三的分別是美國（一千一百三十五萬平方公里）和澳洲（八百五十萬平方公里）。[27]

對那些哀嘆殖民帝國已消失的法國人來說，我們必須反駁的是：現在法蘭西共和國的面積是前所未有的廣大。這個面積甚至還可能再擴張，因為負責制定濱海國家外部界線的聯合國大陸礁層界限委員會（CLCS），的確可能把法國的經濟海域從距離海岸線二百海里（三百七十公里）擴展至三百五十海里（六百五十公里），條件是能夠證明這些海域底下的大陸礁層（大陸棚）是法國土地的自然延伸。

法國不是唯一投入海洋大富翁遊戲的國家。加拿大、丹麥、澳洲、俄羅斯、日本、象牙海岸、索馬利亞……數十個國家一起要求延伸經濟海域（丹麥垂涎格陵蘭南方的大陸礁層、俄羅斯要拓展北極海的某些區域、挪威想要擴大南極的布威島與毛德皇后地的海域、模里西斯共和國則是要擴張羅德里格斯島的海域、巴布亞紐幾內亞想要太平洋海底的翁通爪哇高原、賽席爾共和國則是要國土諸島北邊的海底高原區域）。[28] 有些國家甚至訴諸非法侵略手段，例如中國，在南海建造了至少八座人工島礁，就為了能夠聲索附近海底的專屬權利。

我們做個總結：數千年來，地球 71% 的表面不屬於任何人，但在過去六十年，40% 的海洋面積已從屬某個國家，另外有 10% 則是延伸大陸礁層的申請標的。最終，預計擁有海岸的國家將會在 57% 的海底施行管轄權。[29]

人類特別受到稀有金屬寶藏的吸引，在極短時間內，我們已進行了史上最廣大的領土占用計畫。

　　一方面看來，這個現象令人欣喜：數千年來，人類用各種武器互相傷害、攻擊，就為了劃分地球上的陸地——姑且說，占地表三分之一的面積吧。但是，我們在短時間內互相劃分了第二個三分之一的地表，也就是一半的海洋，且完全不必造成任何人死亡，利用的只是律師軍團和國際法武器。這是很驚人的進展，證明人性隨著時間而改善。

　　但從另一方面來觀察，這個現象很令人憂心：我們對稀有金屬的需求暴增，將導致長期不受貪婪影響的廣大庇護地，變得商品化。海洋探勘大業，考量到技術瓶頸與生態挑戰，在數十年內應當還不會大肆進行。但是各個擁有海岸線的國家已經等不及，開始以諾曼第樹籬分割田野的方式，來分割海洋了。[30]

歐巴馬突破太空禁忌的那一天

　　外太空也未能倖免於此。1967 年的第一份國際太空協議——聯合國〈外太空條約〉直截了當的聲明：位於臭氧層外的區域，構成全體人類共同的資產。但是，就像對海洋所做的一樣，人類正在為占用太空，奠定基礎。

　　開第一槍的是美國：2015 年，歐巴馬總統簽署了〈美國商業太空發射競爭法〉。這項革新的法案承認所有個人「持有、擁有、運送、使用與販售」任何小行星資源和太空資源的權利。法案用語微妙，美國人不直接質疑制定「不得將天體據為己有」原則的

國際法，相反的，他們要求在太空中發現的財富之挪用權。[31]

　　這個細微差別為何如此重要？因為我們不再以同樣的方式探勘太空。自從資本主義介入之後，在新品種的淘金者眼中，繞行地球的不再是小行星，而是裝滿鈔票的行李箱。畢竟，資本主義的本質就是為萬物訂定價值。因此，正如同超市裡一公斤的杏桃值四歐元，蒙大拿或昆士蘭的一英畝土地值數千歐元，義大利藝術家莫迪利亞尼（Modigliani）的畫作〈斜躺的裸女〉拍賣價為一億七千萬美元，在地球外劃過天際的小行星可能賣到數兆美元。

　　從 2015 年起，美國人開始為太空石塊標注價值，其中一塊 2011 UW158 小行星，曾於該年掠過地球，預估價值五兆歐元。因為這顆小行星擁有稀有金屬（能源與數位轉型的「燃料」），更準確的說是九千萬噸的金屬，其中的鉑含量比人類在地球上所開採過的還多。

　　歐巴馬總統已為太空礦物資源的財產權打好基礎，並向矽谷許多自稱「太空淘金者」的企業，保證它們的礦業雄心會獲得法律保障。這些企業包括：微型行星礦業（Planetoid Mines）公司、2019 年收購了深空工業（Deep Space Industries）的布拉德福德太空（Bradford Space）公司、英國的小行星採礦（Asteroid Mining）公司等等。

　　太空的商業開發仍然是理想國的領域，太空發射器的成本驚人，而且太空缺乏生態系，企業還無法從舉辦太空活動中獲利。那麼，國際社會為什麼沒有嘲笑 2015 年的〈美國商業太空發射

競爭法〉？因為所有人都知道，占用太空只是時間的問題。歐洲太空總署的會員國必須聚在一起了，須為〈美國商業太空發射競爭法〉突破禁忌後的挑戰，展開辯論、取得協議。

國際組織也將展開大型的討價還價。為了修訂 1967 年〈外太空條約〉、推動簽署新的太空探勘協定，聯合國和平利用外太空委員會（COPUOS）成為最適合的外交競技場域。這點無可避免，因為脆弱的私人太空經濟、近年誕生的新太空（NewSpace）運動、以及美國太空企業家的出現，[32] 都只能在取得財產權保證的背書下，才能起飛。對某些人而言，這可能只是五年到十年內就會發生的事。[33]

盧森堡已為太空淘金市場做準備，[34] 盧森堡經濟部長施耐德（Etienne Schneider）於 2016 年，宣布了有助於開採小行星的法律架構，這是歐洲的第一項太空淘金倡議：小行星採礦計畫。施耐德且於 2019 年，和美國簽署一項共同探勘太空的協議。[35] 兩億歐元的資金已調撥，讓所有太空礦業公司能將總部設置在盧森堡境內。這不是盧森堡在太空領域的首次行動，因為盧森堡已擁有全球最大衛星營運商 SES 集團。盧森堡大公國這個避稅天堂被一連串醜聞削弱了，正在思考新的成長管道。盧森堡的夢想是成為太空新經濟的世界中心，以吸引企業、創造就業機會，並產生龐大的經濟效應。

從土地、到海洋、再到小行星……這個故事的寓意，應能促使我們深刻反省：慶祝人類能用更好的方式共享資源之際，反而

造成前所未見的最大規模挪用地球資源行動。減少人類對生態系造成衝擊的計畫，受到能源與數位轉型倡導者一致推崇，事實上卻導致我們對生物多樣性的宰制力增加。

　　至於我們對太空的新渴望，則將掃除最終的禁忌。今後，我們抬頭望向天空時，是為了向神明祈求，還是為了使神明屈服？

結語

良心革命

任何一種工業革命、技術革命或社會革命，

只有伴隨著良心革命，

才有意義。

在十九世紀中期，鯨油對人類不可或缺的程度，就像今日的化石燃料一樣。

第一次工業革命在歐洲引發新的需求，其中一項為更佳的照明。在那個年代，油燈仍是戰勝黑夜的最佳方法，點燃油燈所需的燃料為植物油、礦物油與融化的動物油脂。之後，人類開始對鯨油上癮。這項原物料引起的美麗火焰、還有它平易的價格，不久以後，鯨油就成為點亮家家戶戶和公共空間的特殊資源。受到獲利的誘惑，捕鯨船隊開始劃分海洋，好帶回數百萬加侖的珍貴液體。

這股熱潮動用大量的資金，使大家開始討論起「捕鯨業」：捕鯨產業每年生產四千萬公升的鯨油，國家之間甚至在日本海與西北太平洋開戰，以取得最豐饒捕鯨區的掌控權。但是很快的，這項資源日漸稀少。人類屠殺太多鯨了，對海洋的過度開發，已達到驚人的程度，導致獵捕變得更費力、油量更少、照明的成本更高。

因為沒有聰明管理這項資源，人類是否將被迫放棄寶貴的照明呢？當然沒有。1853 年，一名波蘭藥劑師武卡謝維奇（Ignacy Łukasiewicz）研發出一種燈，這種燈以作用更良好、更容易使用的一種輕油當作燃料：煤油燈。當鯨油的供應驟降，人類自然轉向這個替代方法。

於是，石油成為新的理想燃料，直到電在下一世紀成為必需品。

鯨油給我們的兩種啟示

對許多歷史學家與經濟學家而言，我們輕率獵取鯨油，有個誘人的教訓：我們的缺乏遠見，本應導致自己調降照明需求，但面對這個問題，我們卻找到一個更佳的照明方法——石油，提供人類韌性與繁榮的驚人來源。

一切似乎都允許我們將這個故事轉移至二十一世紀，因為大量充足的新能源可能在中期內浮現。科學家因此很樂觀的宣布：「雷射引發之核融合」或「磁局限核融合」時代即將到來，當然，氫燃料車或磁浮車、甚至設置在地球軌道的太陽能發電廠，也不是遙不可及。[1]

此外，現今的綠色科技將會更加進步：我們致力於取代第一代的矽晶太陽能電池，用的是更高效率、更潔淨的鈣鈦礦太陽能電池（PSC），可降低電池生產過程中的三分之二碳排放量。[2] 接下來，我們必定會達成驚人的科技躍進，例如電的儲存或具有創新特質的新材料。諸多革新可能使生態學家所有的警告無效，而證實一個常見的情景：每次有某項能源面臨匱乏，人類都能夠以另一樣能源代替。[3]

愛爾蘭劇作家蕭伯納針對欲望，說出「人生有兩個悲劇。一個是得不到自己想要的，一個是得到了。」這般戲謔的預言，似乎已被我們眾多天才的不屈不撓，給打破了，使我們得以遠離深淵，也讓人類再度展現無比的韌性。

但是我們也可以從鯨油的故事，學到另一個教訓：鯨油乾涸引發的危機，本應迫使一百五十年前的我們，反省自己的消費模式。然而，人類卻未進行反思。之後，歷史不斷重演：當我們改變能源模式，新資源最終將會匱乏，這個模式不會停止。

 ## 尋覓稀有金屬的解毒劑

現在和未來，能源新科技將需要使用前所未見的原物料，無論是天然的或是人工合成的。聚合物、奈米材料、工業生產過程的副產品、有機來源產品、及其他漁獲廢棄物，都將成為我們日常生活的一部分。我們同樣渴求氫和釷，開採氫和釷也將造成環境失序。我們將精煉第三代生質燃料，並在乾旱沙漠與深淵邊緣尋找，使用的是非常複雜的化學程序。我們建立耗費大量能源的物流網絡，回收餿水油、動物脂肪與柑橘皮。我們將砍伐數百萬公頃的森林，並將之轉化為大規模鋸木廠。

所有未來的資源，都將使人類面對千變萬化的新挑戰。現在該是捫心自問的時刻：我們全體一致擁抱的這個科技躍進，意義是什麼？在我們成功之前，卻造成可能使所有人重金屬中毒的生態變化，難道不荒謬嗎？倘若是物質福祉導致了新的衛生禍害與生態混亂，我們是否該認真推崇儒家的和諧思想？或者，物質福祉不一定就只能導致負面結果？

最終，如果科技進步和經濟進展並未使人類進步，那又有什麼意義？

愛因斯坦曾給過我們一針見血的勸誡：「我們不能用製造出問題的思考模式，來解決問題。」任何一種工業革命、技術革命或社會革命，只有伴隨著良心革命，才有意義。

這本書籍也曾藉著小小的例子，提出稀有金屬產業良心乍現的若干證據：德國工具機產業選擇了較貴的鎢，將供貨來源多元化；中國當局試圖讓江西省的稀土黑市耗竭，以保存資源；東京岡部徹教授利用玻利維亞高原的山鹽，試圖回收金屬。

消費者透過購買行為，能夠做得更多。消費意識的覺醒已經成真：我們每個人都承認，有必要減少購買那些設計成會快速落伍的電子產品；要優先購買「生態設計」的產品，以方便回收、減少浪費；要選擇配送里程較短的通路，要增進我們在資源經濟方面的知識……。[4] 若不想讓「節制」就代表成長下滑，可以肯定的是，最佳的能源必然是我們不會耗盡的能源。

沿著這些思路，法國金屬回收專家湯瑪士和我們分享一個樂觀、且具常理的看法：「我們沒有稀有物質的問題，我們只有大腦灰質的問題。」[5]

我們是否能夠從自己身上，取得稀有金屬的解毒劑呢？

誌謝

　　我們常認為一本書籍為獨立的作品，然而，這本書是許多人長期合作的成果：結合了來自諸多領域的報告、討論、評論與鼓勵。本書（經常）引起興趣、（有時）引發熱忱、（總是）激起善意，這些情緒來自朋友、同僚與專家，他們對這本書的貢獻，讓我感到榮幸。引述長年來與我和睦相處的人名，就像繪製我職業與感情生活的地圖。我想要特別感謝：

　　Hubert Védrine，在閱讀本書、評論、提出疑問、有時提出矛盾之處後，為本書寫序。我們的交流非常珍貴。

　　Jean-Paul Tognet，他真誠的證言、抽空一再閱讀這些章節，並遠從雷島，以電話告訴我他的評論。

　　Christian Thomas，他在裝飾著非洲面具的巴黎辦公室中，提供給我他的嚴謹分析。

　　Paul de Loisy，他在城堡路一間咖啡廳的露臺，在情緒熱烈的數小時中，使草稿更加豐富。

　　Axel Robine，他在兩趟航班之間，嚴謹且友善的研究校樣。

　　Camille Lecomte，向我傳達她的分析，儘管我們有時候意見不同！

Didier Julienne 與 Jack Lifton，非常善意的在法國、加拿大、美國，分享他們豐富的專門知識。

Philippe Degobert，他校對有關電動馬達的發展部分。

Pierre Simunek，極有耐心的教導我瓦利斯島政治生活的許多神祕之處。

Cookie Allez，有助於促成我作家的職涯。

Pijac 團隊及其終身主席，感謝他們的支持。

Hélène Crié 與 Yvan Poisbeau，他們提供我有關羅納普朗克發展史的必需文件。

Randy Henry 與 LightHawk 團隊，提供我一架雙引擎飛機，以飛越加州與內華達州的沙漠。

法日媒體協會（Association de Presse France-Japon）與多媒體創作者協會（SCAM），他們供應我這次出版歷險的資金。

Gérard Tavernier，促成一些珍貴的會面。

Félicie Gaudillat，參與整理長篇參考書目的順序。

Stéphanie Berland-Basnier，感謝提供法律建議。

Muriel Steinmeyer，感謝其忠誠。

Céline Gandner，安排了一些正式引見，將會改變許多事。

我的姊妹 Camille Pitron，她一如既往，總是支持我。

以及許多其他人士，謝謝你們！

附錄

附錄 1
元素週期表

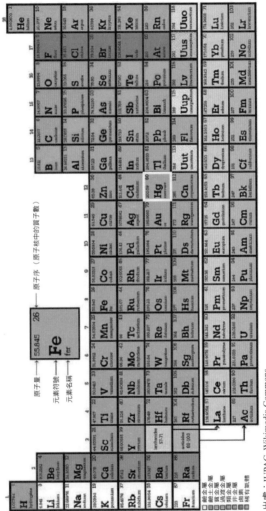

出處：IUPAC, Wikimedia Commons.

附錄 2

全球金屬產量的演變

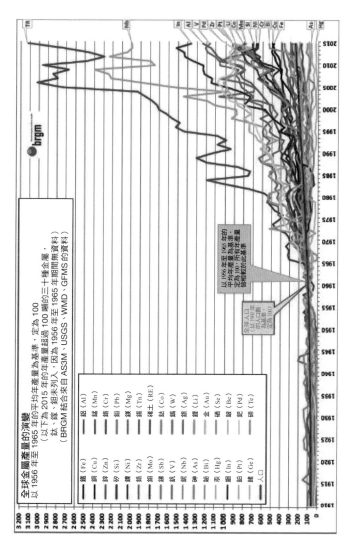

全球金屬產量的演變
以 1956 年至 1965 年的平均年產量為基準，定為 100

（以下為 2015 年的平均年產量超過 100 噸的三十種金屬，
鈦、鎵、鉭未列入，因為 1956 年至 1965 年期間無資料，
（BRGM 結合來自 AS3M、USGS、WMD、GFMS 的資料）

鐵（Fe）	鋁（Al）
銅（Cu）	錳（Mn）
鋅（Zn）	鉻（Cr）
矽（Si）	鉛（Pb）
鎳（Ni）	鎂（Mg）
鋯（Zr）	錫（Tn）
鉬（Mo）	稀土（RE）
銻（Sb）	鈷（Co）
釩（V）	鎢（W）
鈮（Nb）	銀（Ag）
砷（As）	鋰（Li）
鉍（Bi）	金（Au）
汞（Hg）	硒（Se）
銦（In）	鈀（Pd）
鉑（Pt）	碲（Te）
鍺（Ge）	人口

以 1956 年至 1965 年的
平均年產量為基準，
定為 100，所有數字
皆相較於此基準

全球人口
（以 1961 年
的人口數為
基準，定為 100）

出處：BRGM.

附錄 3
關鍵原物料主要生產國地圖

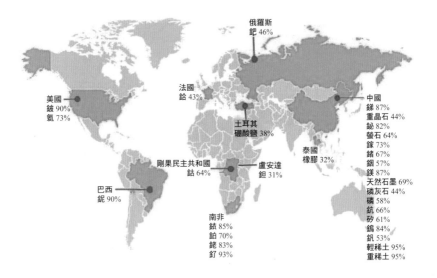

俄羅斯
鈀 46%

法國
鉿 43%

美國
鈹 90%
氦 73%

土耳其
硼酸鹽 38%

中國
銻 87%
重晶石 44%
鉍 82%
螢石 64%
鎵 73%
鍺 67%
銦 57%
鎂 87%
天然石墨 69%
磷灰石 44%
磷 58%
鈧 66%
矽 61%
鎢 84%
釩 53%
輕稀土 95%
重稀土 95%

泰國
橡膠 32%

剛果民主共和國
鈷 64%

盧安達
鉭 31%

巴西
鈮 90%

南非
銥 85%
鉑 70%
銠 83%
釕 93%

出處：〈Etude sur la révision de la liste des Matières Premières Critiques – Résumé analytique〉,
Commission européenne, septembre 2017.

附錄 4
中國的礦物與金屬產量占全球總產量的比例

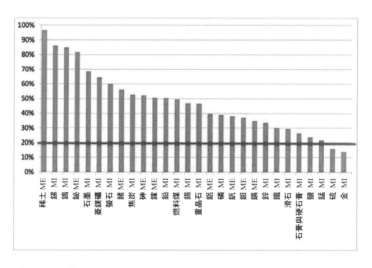

說明：這是中國在 2011 年占全球礦物（MI）產量與金屬（ME）產量的比例。
　　　紅線代表中國人口占全球人口的比例。

出處：World Mining Data, edition 2013.

附錄 5
電動車利用稀有金屬的概況

電動車與油電混合車可含有 9 到 11 公斤的稀土金屬

（數量為汽油車的兩倍）

防紫外線
擋風玻璃
鈰

車窗與鏡子的拋光粉
鈰

液晶顯示器
銪
釔
鈰

感測器
釔

油電混合
動力系統
釹
鐠
鏑
鋱

柴油燃料添加物
鈰、鑭

鎳氫電池
鑭、鈰

觸媒轉化器
鈰／鋯、鑭

遍布汽車各處
超過25個電動馬達
釹磁鐵

車燈
釹

出處：〈The Race for Rare Metals〉, *The Globe and Mail*, 16 juillet 2011.

附錄 6
iPhone 手機中的稀有金屬成分

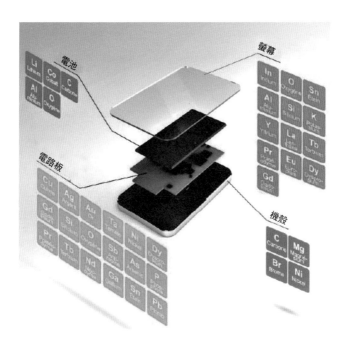

出處：Damien Hypolite 為 *Sciences et Avenir* 月刊撰稿。

附錄 7
稀有金屬回收率的彙整圖

出處：〈Recycling Rates of Metals : A Status Report〉, United Nations Environment Programme, 2011.

附錄 8
法國潛在礦場

出處：BRGM.

附錄 9
中國的原物料消費量占全球消費量的比例

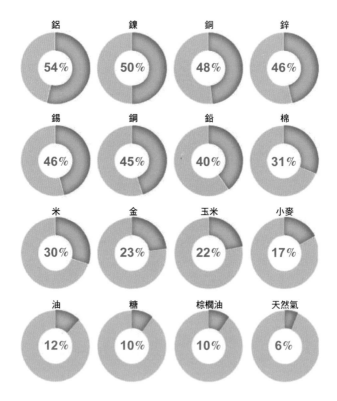

鋁	鎳	銅	鋅
54%	50%	48%	46%

錫	鋼	鉛	棉
46%	45%	40%	31%

米	金	玉米	小麥
30%	23%	22%	17%

油	糖	棕櫚油	天然氣
12%	10%	10%	6%

出處：*The Wall Street Journal*, World Bureau of Metal Statistics, World Gold Council, BP Statistical Review of World Energy 2015, Metalytics via Morgan Stanley, US Department of Agriculture.

附錄 10
金屬的生命週期

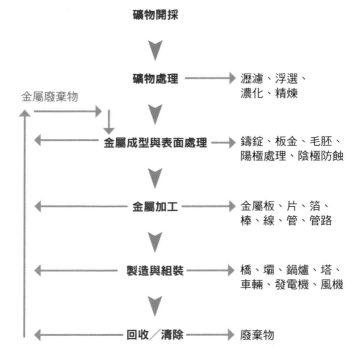

礦物開採

礦物處理 ⟶ 瀝濾、浮選、濃化、精煉

金屬廢棄物

金屬成型與表面處理 ⟶ 鑄錠、板金、毛胚、陽極處理、陰極防蝕

金屬加工 ⟶ 金屬板、片、箔、棒、線、管、管路

製造與組裝 ⟶ 橋、壩、鍋爐、塔、車輛、發電機、風機

回收／清除 ⟶ 廢棄物

出處：魁北克政府，能源與自然資源部
〈Guide de redaction d'une étude d'opportunité économique et de marché pour la transformation au Québec〉, octobre 2015, p. 1.

附錄 11
稀有礦物的主要工業用途

稀有礦物	用　　途
銻	阻燃劑（塑膠添加物）、聚乙烯催化劑
重晶石	石油與天然氣鑽井液、玻璃工業、輻射防護、金屬製造、煙火
鈹	電信與電子、航空航太工業、民用與軍事核能
鉍	熱電發電機（汽車）、高溫超導體、無鉛焊接
硼酸鹽	玻璃與陶瓷
鈷	手機、電腦、油電混合車、磁鐵
焦炭	鋼鐵業
螢石	氫氟酸、鋼與鋁金屬製造業、陶瓷、光學
鎵	半導體、光致發光二極體照明
鍺	光伏、光纖、催化劑、紅外光學
銦	電子晶片、液晶螢幕
鎂	鋁合金
天然石墨	電動車、航空航太工業、核能工業
鈮	衛星、電動車、核能工業、珠寶工藝
矽	積體電路、光伏板（太陽能板）、電絕緣體
鉭	小型電容器、超合金
鎢	切割工具、屏蔽、電力、電子
釩	特殊鋼、航太工業、催化劑
鉑系金屬 6 種：釕、銠、鈀、鋨、銥、鉑	催化劑、珠寶業
稀土金屬 17 種（見右頁的附錄 12）	永久磁鐵、電動車、風車、高鐵、醫學掃描機、雷射、光纖資料傳輸、螢幕磷光體、銀行紙鈔防護、催化劑

出處：OPECST, BRGM, Connaissance des énergies, Futura-Sciences, Niobec, Lenntech

附錄 12
稀土金屬的主要工業用途

稀土金屬	用　　　　途
鑭（La）	超導化合物、透鏡、照明
鈰（Ce）	觸媒轉化器、石油精煉、金屬合金
鐠（Pr）	打火石、染料、磁鐵
釹（Nd）	永久磁鐵、自觸媒、石油精煉、雷射
鉅（Pm）	發光化合物
釤（Sm）	飛彈磁鐵、永久磁鐵、電動馬達
銪（Eu）	雷射、核反應爐、照明、地球化學、陰極管之紅磷
釓（Gd）	陰極管之磷光物質
鋱（Tb）	陰極管綠色螢光的活化劑、永久磁鐵
鏑（Dy）	永久磁鐵、混合式馬達
鈥（Ho）	雷射、磁性應用、超導化合物
鉺（Er）	遠距光學通訊網絡、核醫學
銩（Tm）	可攜式 X 光機、雷射、高溫超導體
鐿（Yb）	不鏽鋼、雷射晶體活性離子、可攜式 X 光機
鎦（Lu）	貝他射線發射體
鈧（Sc）	照明、信標器、鋁合金
釔（Y）	陰極管之紅光發光器、超導合金、耐火磚、燃料電池、磁鐵

出處：Sénat, British Geological Survey, École de guerre économique, Congressional Research Service, Portail de l'IE.

附錄 13
歐盟執委會的關鍵原物料清單

原物料	全球主要生產國 （2010 年至 2014 年的平均值）	歐盟供應來源 （2010 年至 2014 年的平均值）	依賴進口比例 *	替代指數 EI/SR**	原物料週期結束回收率 ***
銻	中國（87%） 越南（11%）	中國（90%） 越南（4%）	100%	0.91/0.93	28%
重晶石	中國（44%） 印度（18%） 摩洛哥（10%）	中國（34%） 摩洛哥（30%） 德國（8%） 土耳其（6%） 英國（5%） 歐盟其他國家（4%）	80%	0.93/0.94	1%
鈹	美國（90%） 中國（8%）	不適用	不適用[1]	0.99/0.99	0%
鉍	中國（82%） 墨西哥（11%） 日本（7%）	中國（84%）	100%	0.96/0.94	1%
硼酸鹽	土耳其（38%） 美國（23%） 阿根廷（12%）	土耳其（98%）	100%	1.0/1.0	0%
鈷	剛果民主共和國（64%） 中國（5%） 加拿大（5%）	芬蘭（66%） 俄羅斯（31%）	32%	1.0/1.0	0%

原物料	全球主要生產國 （2010 年至 2014 年的平均值）	歐盟供應來源 （2010 年至 2014 年的平均值）	依賴進口 比例 *	替代指數 EI/SR**	原物料週期 結束回收率 ***
焦炭	中國（54%） 澳洲（15%） 美國（7%） 俄羅斯（7%）	美國（38%） 澳洲（34%） 俄羅斯（9%） 加拿大（7%） 波蘭（1%） 德國（1%） 捷克（1%） 英國（1%）	63%	0.92/0.92	0%
螢石	中國（64%） 墨西哥（16%） 蒙古（5%）	墨西哥（27%） 西班牙（13%） 中國（12%） 南非（11%） 納米比亞（9%） 肯亞（7%） 德國（5%） 保加利亞（4%） 英國（4%） 歐盟其他國家（1%）	70%	0.98/0.97	1%
鎵 [2]	中國（73%） 德國（7%） 哈薩克（5%）	中國（36%） 德國（27%） 美國（8%） 烏克蘭（6%） 南韓（5%） 匈牙利（5%）	34%	0.95/0.96	0%
鍺	中國（67%） 芬蘭（11%） 加拿大（9%） 美國（9%）	中國（43%） 芬蘭（28%） 俄羅斯（12%） 美國（12%）	64%	1.0/1.0	2%

原物料	全球主要生產國 （2010 年至 2014 年的平均值）	歐盟供應來源 （2010 年至 2014 年的平均值）	依賴進口比例 *	替代指數 EI/SR**	原物料週期結束回收率 ***
鉿	法國（43%） 美國（41%） 烏克蘭（8%） 俄羅斯（8%）	法國（71%） 加拿大（19%） 中國（10%）	9%	0.93/0.97	1%
氦	美國（73%） 卡達（12%） 阿爾及利亞（10%）	美國（51%） 阿爾及利亞（29%） 卡達（8%） 俄羅斯（7%） 波蘭（3%）	96%	0.94/0.96	1%
銦	中國（57%） 南韓（15%） 日本（10%）	中國（28%） 比利時（19%） 哈薩克（13%） 法國（11%） 南韓（8%） 香港（6%）	0%	0.94/0.97	0%
鎂	中國（87%） 美國（5%）	中國（94%）	100%	0.91/0.91	9%
天然石墨	中國（69%） 印度（12%） 巴西（8%）	中國（63%） 巴西（13%） 挪威（7%） 歐盟（< 1%）	99%	0.95/0.97	3%
天然橡膠	泰國（32%） 印尼（26%） 越南（8%） 印度（8%）	印尼（32%） 馬來西亞（20%） 泰國（17%） 象牙海岸（12%）	100%	0.92/0.92	1%

原物料	全球主要生產國 （2010 年至 2014 年的平均值）	歐盟供應來源 （2010 年至 2014 年的平均值）	依賴進口 比例 *	替代指數 EI/SR**	原物料週期 結束回收率 ***
鈮	巴西（90%） 加拿大（10%）	巴西（71%） 加拿大（13%）	100%	0.91/0.94	0.3%
磷灰石	中國（44%） 摩洛哥（13%） 美國（13%）	摩洛哥（28%） 俄羅斯（16%） 敘利亞（11%） 阿爾及利亞（10%） 芬蘭（12%）	88%	1.0/1.0	17%
磷	中國（58%） 越南（19%） 哈薩克（13%） 美國（11%）	哈薩克（77%） 中國（14%） 越南（8%）	100%	0.91/0.91	0%
鈧	中國（66%） 俄羅斯（26%） 烏克蘭（7%）	俄羅斯（67%） 哈薩克（33%）	100%	0.91/0.95	0%
矽	中國（61%） 巴西（9%） 挪威（7%） 美國（6%） 法國（5%）	挪威（23%） 法國（19%） 巴西（12%） 中國（12%） 西班牙（9%） 德國（5%）	64%	0.99/0.99	0%
鉭[3]	盧安達（31%） 剛果民主共和國（19%） 巴西（14%）	奈及利亞（81%） 盧安達（14%） 中國（5%）	100%	0.94/0.95	1%

原物料	全球主要生產國 （2010 年至 2014 年的平均值）	歐盟供應來源 （2010 年至 2014 年的平均值）	依賴進口比例 *	替代指數 EI/SR**	原物料週期結束回收率***
鎢[4]	中國（84%） 俄羅斯（4%）	俄羅斯（50%） 葡萄牙（17%） 西班牙（15%） 奧地利（8%）	44%	0.94/0.97	42%
釩	中國（53%） 南非（25%） 俄羅斯（20%）	俄羅斯（60%） 中國（11%） 南非（10%） 比利時（9%） 英國（3%） 荷蘭（2%） 德國（2%） 歐盟其他國家（0,5%）	84%	0.91/0.94	44%
鉑系金屬	南非（銠 85%、鉑 70%、銠 83%、釕 93%） 俄羅斯（鈀 46%）	瑞士（34%） 南非（31%） 美國（21%） 俄羅斯（8%）	99.6%	0.93/0.98	14%
重稀土	中國（95%）	中國（40%） 美國（34%） 俄羅斯（25%）	100%	0.96/0.89	8%
輕稀土	中國（95%）	中國（40%） 美國（34%） 俄羅斯（25%）	100%	0.90/0.93	3%

說明：

*

「依賴進口比例」考量了全球供應及歐盟實際供應來源，以計算供應匱乏風險；

此比例的計算方式如下：

歐盟淨進口／（歐盟淨進口＋歐盟內部生產）。

**

「替代指數」是原物料替代困難度的指標，衡量了所有的應用方式，並分開計算兩項因素，

即經濟重要性（EI）與供應匱乏風險（SR）。數值為 0 到 1；其中，1 代表替代性最低。

經濟重要性由替代指數（SIEI）修正，該指數取決於：

「替代物的技術績效與效能」和「每項物質多樣應用方式的成本」之間的比較關係。

供應匱乏風險由替代指數（SISR）修正，該指數取決於：

每項物質多樣應用方式的替代物全球生產量、關鍵性、共同生產量或生產不足。

***

「原物料週期結束回收率」衡量老舊金屬回收與歐盟對原物料需求之間的關係，

原物料需求等同於歐盟原料與二次材料的供應。

出處：資料摘錄自〈Study on the review of the list of Critical Raw Materials〉研究的最終報告，

研究時間為 2017 年。

附錄 14
能源轉型所需主要金屬與礦物的開採年限

可獲利的開採年限：
景氣繁榮時（十年間需求增加10%）
目前的開採速度

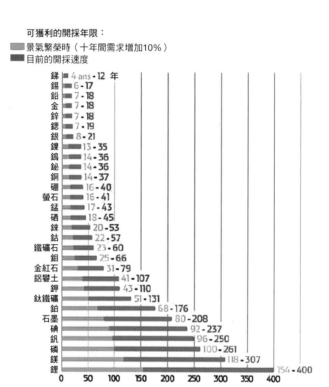

出處：L. Pennec/L'Usine Nouvelle/2017.

如果您希望獲得 Les Liens qui Libèrent 出版社

的出版訊息與最新消息，

請到我們的網站：

http://www.editionslesliensquiliberent.fr

資料來源

引言　稀有金屬世紀

1　這個說法來自農夫、作家暨思想家皮耶·哈比（Pierre Rabhi），他推崇更加節制和簡單的消費模式。見Pierre Rabhi,《*Vers la sobriété heureuse*》, Actes Sud, 2010。

2　Yuval Noah Harari,《*Sapiens – Une brève histoire de l'humanité*》, Albin Michel, 2015. 中文版《人類大歷史：從野獸到扮演上帝》，天下文化2014年出版。

3　〈COP 21: Fabius présente un projet d'accord "juridiquement contraignant"〉,《*Libération*》, 12 décembre 2015.

4　「聯合國氣候變遷綱要公約」第二十一次締約方會議。

5　一噸萃取後的橙花花瓣，只能生產一公斤的精油。

6　生產一公斤的古柯鹼，需要五百公斤的古柯葉。

7　一公斤的礦石，平均含一百二十毫克的釩、六十六點五毫克的鈰、十九毫克的鎵、零點八毫克的鎦。

8　科耶爾與Jacob A. Marinsky和Lawrence E. Glendenin一起發現。

9　Jeremy Rifkin,《*The Third Industrial Revolution: How Lateral Power Is Transforming Energy, the Economy, and the World*》, Palgrave Macmillan, 2011. En français: *La Troisième Révolution industrielle*, Les Liens qui Libèrent, 2012. 中文版《第三次工業革命：世界經濟即將被顛覆，新能源與商務、政治、教育的全面革命》，經濟新潮社2013年出版。

10 從2013年起，里夫金向法國北部的加萊海峽大區（Nord-Pas-de-Calais，現在已納入上法蘭西大區）提供建議，在融合環保與數位科技的基礎上，發展能源應用的新模式。參閱rev3.fr網站。

11 可再生能源包含其他形式的能源，例如水力、生物燃料與生質能。見報告〈Renewables 2016 Global Status Report〉, Renewable Energy Policy Network for the 21st Century, 2016.

12 Christine Parthemore et John Nagl,〈Fueling the Future Force: Preparing the Department of Defense for a Post-Petroleum Era〉, Center for a New American Security, septembre 2010. 另可參閱〈U.S. military marches forward on green energy, despite Trump〉, Reuters, 1er mars, 2017. 作者表示：「（美國）軍隊可再生能源計畫的數量於2011年至2015年間，幾乎增為三倍至一千三百九十件……。許多計畫地點設在美國軍事基地，可再生能源使軍方在面臨天災、攻擊或網路攻擊導致公共電網失效時，能夠維持獨立的電力來源。」

13 軍方取而代之利用小型可再生能源發電廠，較不易受到敵人轟炸。見 Ugo Bardi,《Le Grand Pillage: comment nous épuisons les ressources de la planète》, Les Petits Matins, 2015。

14 見 Hervé Juvin,《Le mur de l'Ouest n'est pas tombé》, Pierre-Guillaume de Roux, 2015.

15 根據〈Renewable Energy and Jobs – Annual Review 2017〉, International Renewable Energy Agency (IRENA), 2017報告，永續能源經濟將於2030年之前，為全世界卓越工業創造2,400萬個工作。

16〈Trump a une vision rétrograde du monde et se fixe sur le siècle où le pétrole était roi〉, Le Monde, 28 janvier 2017.

17 見 le〈livre blanc〉de Florentin Krause, Hartmut Bossel et Karl-Friedrich Muller-Reismann,《Energie-Wende: Wachstum und Wohlstand ohne Erdöl und Uran》, S. Fischer Verlag, 1980.

18 一百九十六個代表，包括一百九十五個國家與歐盟。

19〈巴黎協定〉從未提到「金屬」、「礦物」、「原料」等詞，同樣的，2018年12月在波蘭卡托維茲舉行的COP 24，所有決定都與礦物資源無關。聯合國氣候變遷綱要公約（UNFCCC）新聞處報導，「我們不知悉協商期間有關礦物資源問題的特定討論」。

20 大部分的稀有金屬皆無可替代，可參閱la communication de la Commission au Parlement européen, au Conseil, au Comité économique et social européen et au Comité des régions relative à la liste 2017 des matières premières critiques pour l'UE, 13 septembre 2017, p.4 et suivantes. 同樣見本書〈附錄13：歐盟執委會的關鍵原物料清單〉。

21〈Steve Bannon: "We're going to war in the South China Sea… no doubt"〉, *The Guardian*, 1er février 2017.

22〈World Population Prospects: The 2015 Revision〉, Department of Economic and Social Affairs Population Division, United Nations, New York, 2015.

23 Michèle Bilimoff,《*Histoire des plantes qui ont changé le monde*》, Albin Michel, 2011. 同樣見Bill Laws,《*50 plantes qui ont changé le cours de l'histoire*》, Éditions Ouest-France, 2011.

第1章　稀有金屬的詛咒

1 Philippe Bihouix et Benoit de Guillebon, *Quel futur pour les métaux? Raréfaction des métaux: un nouveau défi pour la société*, EDP Sciences, 2010, p. 33。

2 美國地質調查局（United States Geological Survey, USGS）的清單，於2018年5月更新，包括三十五種原料，如銫、鉻、鋰、銣、鈾及鍶。歐盟執委會的清單包含二十七種原料：銻、重晶石、鈹、鉍、硼酸鹽、鈷、焦炭、螢石、鎵、鍺、鉿、氦、銦、鎂、天然石墨、天然橡膠、鈮、磷灰石、磷、鈧、矽、鉭、鎢、釩、鉑、重稀土、輕稀土。

若干列入清單的金屬，對地質學家而言不算稀有，如矽。不過，美國地質調查局與歐盟執委會仍認為它們為「非常關鍵」的，亦即由於供需之間的壓力，其供應量顯得不足。開採和精煉設備不足夠，是導致匱乏的主要原因；當然，地質方面的藏量稀少，也加劇了供應壓力。由於語言習慣，科學界將這兩個條件都納入「稀有金屬」這個詞彙底下。參閱〈附錄13：歐盟執委會的關鍵原物料清單〉。

3　見782號報告〈Les enjeux des métaux stratégiques: le cas des terres rares〉par les députés MM. Claude Birraux et Christian Kert, au nom de l'Office parlementaire d'évaluation des choix scientifiques et technologiques (OPECST), déposé le 23 août 2011 中列舉的條件。

4　Yuval Noah Harari, 《Sapiens – Une brève histoire de l'humanité》, Albin Michel, 2015. 中文版《人類大歷史：從野獸到扮演上帝》，天下文化2014年出版。

5　〈Un aimant géant pour lire dans notre cerveau〉, Le Monde, 17 juin 2017.

6　這些超強磁鐵，特別是以稱為釹（Nd）和釤（Sm）的稀土金屬來製造，這些稀土金屬和鐵、硼、鈷等其他金屬有關。一般而言，磁鐵含有30％的釹和35％的釤。基於習慣用語，科學界較常稱之為「稀土磁鐵」。

7　豐田、日產、三菱、通用、PSA寶獅雪鐵龍集團、或甚至BMW車廠生產的汽車，都擁有稀有金屬磁鐵。但其他車廠沒有，例如雷諾旗下的Zoe（繞線轉子同步電動機）與美國特斯拉車廠的汽車（鼠籠轉子）。不過，需要注意的是，這些馬達比含有稀土磁鐵的馬達更大且更重。資料來自Philippe Degobert, maître de conférences en génie électrique à l'École nationale supérieure d'arts et métiers, directeur du master Mobilités et véhicules électriques, 2017年的訪談。

8　2016年，十種最強勁的風力發電機中，有七種使用稀有金屬磁鐵（Vesta的V164型、Adwen的AD180和ADS135型、西門子的SWT 8.0、奇異的Haliade 6 MW、明陽的SCD 6.0、東方／現代的5.5 MW型）。德國風力

發電機製造商艾納康（Enercon）選擇循環發電機，因為艾納康宣稱放棄使用永久磁鐵是有可能的，製造電流所需的磁場可用電力來啟動。資料來自：Philippe Degobert, maître de conférences en génie électrique à l'École nationale supérieure d'arts et métiers, directeur du master Mobilités et véhicules électriques, 2017的訪談。更多資訊可見〈Analyse du marché, des emplois et du futur de l'éolien en France〉, Observatoire de l'éolien 2017, septembre 2017。

9　特別是CIGS（硒化銅銦鎵）電池製造的太陽能板。

10　磁鐵專家暨顧問公司JOC LLC的創辦人John Ormerod表示：「現在全世界在運轉的電動馬達，大部分為感應電動機，因此未使用稀有金屬磁鐵。這些馬達特別用於暖氣、通風與空調裝置，價格便宜但性能低。相對的，高性能馬達的工業化需要利用稀有金屬磁鐵，例如電動車與若干風力發電機使用的引擎。電動車需求的增加，未來將造成馬達更常使用稀有金屬磁鐵。」John Ormerod, JOC LLC, 2017的訪談。

11　見報告〈Pour une convergence des transitions écologique et numérique. Appel à engagement〉, Conseil national du numérique, novembre 2015。

12　〈Renewable Energy and Jobs – Annual Review 2018〉, International Renewable Energy Agency (IRENA).

13　〈Scénario négaWatt 2017-2050: les 12 points clés〉, négaWatt, 2017.

14　Rep. Alexandria Ocasio-Cortez Releases Green New Deal Outline, NPR, 7 février 2019.

15　石油的需求在2035年之前，將以非常緩慢的速率成長；天然氣的需求每年約成長2.4%，而煤炭的需求可能減少。見〈L'énergie dans le monde en 2035: à quoi faut-il s'attendre?〉, *Connaissance des Énergies*, 25 février 2015。

16　〈Quand le monde manquera de métaux〉, *Basta Mag*, 26 septembre 2012.

17　見Frank Marscheider-Weidemann, Sabine Langkau, Torsten Hummen,

Lorenz Erdmann, Luis Tercero Espinoza, 〈Raw Materials for Emerging Technologies 2016〉, German Mineral Resources Agency (DERA) at the Federal Institute for Geosciences and Natural Resources (BGR), mars 2016.

18 這是概括的數字,為較高的估算。

19 〈Environmental disaster strains China's social fabric〉, *The Financial Times*, 26 avril 2006.

20 〈Toxic mine spill was only latest in long history of Chinese pollution〉, *The Guardian*, 14 avril 2011.

21 〈Dwindling Supplies of Rare Earth Metals Hinder China's Shift from Coal〉, *TrendinTech*, 7 septembre 2016.

22 1839年至1842年,中國與英國發生第一次鴉片戰爭,第二次鴉片戰爭由法國、英國、俄羅斯與美國發起,時間為1856年至1860年。

23 德國將中國山東省的託管權,轉交日本。

24 孫逸仙創立的國民黨政權,於1949年遭共產黨政權推翻。

25 見Philippe Chalmin (dir.), 《*Des ressources et des hommes*》, Nouvelles Éditions François Bourin, 2016.

26 見Bureau de recherches géologiques et minières(BRGM） 的Patrice Christmann,在2015年7月6日公聽會的會議紀錄中,關於Office parlementaire d'évaluation des choix scientifiques et technologiques（OPECST）的戰略價值與重要稀土和原料政策執行的評論。

27 與Kloeckner Metals集團總裁Thomas Kruemmer的訪談,2016年。

28 與Mutandis顧問公司Bruno Gensburger顧問的訪談,2016年。

29 〈En Chine, trois millions de décès prématures par an à cause de la pollution〉, *Les Échos*, 15 mars 2017.

30 〈The Cobalt Pipeline: Tracing the path from deadly hand-dug mines in

Congo to consumers' phones and laptops〉, *The Washington Post*, 30 septembre 2016.

31 見〈Le chrome (Cr) – éléments de criticité〉, BRGM, juillet 2017. 2017 年，歐盟執委會不再認定鉻為稀有金屬。

32 〈Kazakh ecologists: Syr Darya waters poisonous〉, Ferghana News Agency, 9 avril 2015.

33 〈Lithium squeeze looms as top miner front-loads, Chile says〉, *Mining Weekly*, 26 juin 2017.

34 〈Chile's Supreme Court casts shadow over Barrick's plans to restart Pascua-Lama〉, Mining.com, 15 mars 2017.

35 〈Lithium: nécessité et urgence d'introduire de nouveaux processus de collecte et de recyclage〉, Les Amis de la Terre, février 2013.

36 〈The World's Worst Pollution Problems 2016: The Toxics Beneath Our Feet〉, Green Cross Switzerland and Pure Earth, 2016.

第 2 章　綠色科技與數位科技的陰暗面

1 〈World Energy Outlook 2014 Factsheet: Power and renewables〉, International Energy Agency, 2014.

2 杜比隆是以美國環保署的溫室效應氣體排放當量，進行估算。請參閱 www.epa.gov/energy/greenhouse-gasequivalencies-calculator.

3 太陽光產生的熱能，可加熱水等液體，接著可直接運用（透過太陽熱水器）或間接運用（產生水蒸氣，以推動交流發電機發電）。

4 Julia Bucknall, 〈Cutting Water Consumption in Concentrated Solar Power Plants〉, The Water Blog, 20 mai 2013.

5 Kimberly Aguirre, Luke Eisenhardt, Christian Lim, Brittany Nelson, Alex Norring, Peter Slowik et Nancy Tu, 〈Lifecycle Analysis Comparison of

a Battery Electric Vehicle and a Conventional Gasoline Vehicle〉, UCLA Institute of the Environment and Sustainability, juin 2012。更多關於電池對環境影響的資訊，也請參閱J. Sullivan, L. Gaines,〈A Review of Battery Life-Cycle Analysis: State of Knowledge and Critical Needs〉, Argonne National Laboratory, 1er octobre 2010.

6 見〈Extraordinary Raw Materials in a Tesla Model S〉, *Visual Capitalist*, 7 mars 2016.

7 〈Tesla lance une super-batterie pour son Model S〉, *Le Figaro*, 25 aout 2016.

8 〈Musk: Millions of Teslas, 500-mile range coming〉, CNBC, 6 novembre 2015. 美國總統川普宣布美國將退出〈巴黎協定〉後，馬斯克便退出擔任總統顧問的大老闆團。事實上，馬斯克環保夢的代價，比他和其他人所願意承認的高。見〈Cost of Elon Musk's Dream Much Higher Than He and Others Imagine〉, RealClearEnergy, 8 juin 2017.

9 John Petersen,〈How Large Lithium-ion Batteries Slash EV Benefits〉, 2016. 皮特森所有的文章，請參閱網站http://seekingalpha.com/author/johnpetersen/articles#regular_articles&ticker=tsla

10 見ADEME的報告,〈Les potentiels du véhicule électrique〉, avril 2016, et Troy R. Hawkins, Bhawna Singh, Guillaume Majeau-Bettez et Anders Hammer Stromman,〈Comparative Environmental Life Cycle Assessment of Conventional and Electric Vehicles〉, 4 octobre 2012.

11 〈Impacts of fleet types and charging modes for electric vehicles on emissions under different penetrations of wind power〉, Xinyu Chen, Hongcai Zhang, Zhiwei Xu, Chris P. Nielsen, Michael B. McElroy & Jiajun Lv, *Nature Energy*, 30 avril 2018. 關於電動車對環境影響的更深入分析，也請閱讀我們刊登在2018年9月 *Le Monde diplomatique* 月刊英文版的文章〈Do we really want electric vehicles?〉。

12 為了進一步研究這些問題，見Jean-Marc Jancovici非常有趣的文章〈La voiture électrique est-elle LA solution aux problèmes de pollution automobile?〉, 1er octobre 2017, sur le site de l'auteur: jancovici.com.

13 Jeremy Rifkin, 《*La Troisième Révolution industrielle*》.

14 Jeremy Rifkin, 《*The Zero Marginal Cost Society: The Internet of Things, the Collaborative Commons, and the Eclipse of Capitalism*》, Palgrave Macmillan, 2014. En français: *La Nouvelle Société du coût marginal zéro: l'Internet des objets, l'émergence des communaux collaboratifs et l'éclipse du capitalisme*, Les Liens qui Libèrent, 2014.

15 法國共享汽車與共乘發展，對環境的影響，見Pôle interministériel de prospective et d'anticipation des mutations économiques（PIPAME）的報告〈Usages novateurs et nouvelles mobilités〉, janvier 2016。

16 Eric Schmidt et Jared Cohen, 《*The New Digital Age: Reshaping the Future of People, Nations and Business*》, Knopf, Random House Inc., 2013. En français: *A nous d'écrire l'avenir: comment les nouvelles technologies bouleversent le monde*, Denoel, 2014. 中文版《數位新時代》，遠流2013年出版。

17 想像一下已產生的龐大數位資料。施密特與科恩堅稱：「我們每兩天所製造的數位內容，和文明起始至2003年之間一樣多。」這樣的遠景造成的經濟影響為：網路這個「第六大洲」占全球經濟的22.5%，甚至在2020年將達到25%，等於超過二十四兆美元的營收。見Mark Knickrehm, Bruno Berthon et Paul Daugherty, 《*Digital Disruption: The Growth Multiplier. Optimizing Digital Investments to Realize Higher Productivity and Growth*》, Accenture Strategy, 2016.

18 全世界每分鐘砍伐兩千四百棵樹，每年相當於三分之一的法國國土面積。見〈Déforestation: 18 millions d'hectares de forêts perdus en 2014〉, *Le Monde*, 3 septembre 2015.

19 Fabrice Flipo, Michelle Dobre et Marion Michot, 《*La Face cachée du numérique. L'impact environnemental des nouvelles technologies*》, L'Echappee, 2013.

20 出處同上。

21 Coline Tison et Laurent Lichtenstein, *Internet: la pollution cachée*, documentaire, Camicas Productions, 2012.

22 紀錄片帶我們進入西維吉尼亞州的阿帕拉契山煤礦,這裡開採的正是讓美國電廠運轉的化石燃料。紀錄片指出:「我們按壓滑鼠的背後,一點也不虛擬。」回到去物質化的幻象上,該片問道:「我們的電郵,最後是否會摧毀所有的阿帕拉契山脈?」

23 Mark P. Mills, 〈The Cloud Begins With Coal: Big Data, Big Networks, Big Infrastructure, and Big Power – An Overview of the Electricity Used by the Global Digital Ecosystem〉, août 2013.

24 〈How Clean is Your Cloud?〉, Greenpeace, avril 2012.

25 就如同兩位專家指稱的,我們面臨的不算是資源稀有的問題,而比較是「垃圾滿溢的問題」。見 Pierre-Noel Giraud et Timothee Ollivier, 《*Économie des matières premières*》, La Découverte, coll.〈Repéres〉, 2015.

26 〈The Global E-waste Monitor – 2017, United Nations University (UNU), International Telecommunication Union (ITU) & International Solid Waste Association (ISWA)〉, *Baldé, C.P., Forti V., Gray, V., Kuehr, R., Stegmann,P.,* Bonn/Geneva/Vienna. 可連結: https://collections.unu.edu/eserv/UNU:6341/Global-E-waste_Monitor_2017_electronic_single_pages_.pdf

27 2017年有超過五千萬噸的電子垃圾,2014年時為四千一百萬噸。見以下的報告:〈Waste Crime – Waste Risks: Gaps in Meeting the Global Waste Challenge〉, United Nations Environment Programme (UNEP),

2017. 這樣的高數據，大部分是由於電子產品業者自行規劃的電子產品淘汰政策。

28 〈Recycling Rates of Metals: A Status Report〉, United Nations Environment Programme (UNEP), 2011.

29 見〈La guerre des terres rares est déclarée〉, Terra Eco, 19 avril 2012. 也請觀賞我們的紀錄片 *Terres rares, le trésor caché du Japon*, Mano a Mano, 2012，以及 Global Links 和 Orée 組織於 2015 年籌辦的〈Métaux stratégiques et économie circulaire〉會議錄影和會議紀錄。http://www.globallinks.fr/retour-sur-la-conference-metaux-strategiques-economie-circulaire/.

30 某些歐洲汽車業者，甚至立下不用稀土製造磁鐵的目標。

31 與 Technology Metals Research 顧問公司 Jack Lifton 的訪談，2016 年。

32 出處同上。

33 見 Remy Le Moigne 非常有趣的作品《*L'Economie circulaire: comment la mettre en oeuvre dans l'entreprise grâce à la reverse supply chain?*》, Dunod, 2014.

34 不只是稀有金屬的價格，而是所有原物料的價格。自從價格高昂的「超級循環」於 2014 年結束後，原物料市場即處於低谷期。

35 十八種回收率超過 50% 的金屬是鋁、鈷、鉻、銅、金、鐵、鉛、錳、鈮、鎳、鈀、鉑、錸、銠、銀、錫、鈦、鋅。三種超過 25% 的金屬是鎂、鉬、銥。三種超過 10% 的金屬是釕、鎘、鎢。數據見〈Recycling Rates of Metals: A Status Report〉, United Nations Environment Programme (UNEP), 2011。若干稀有金屬的回收率，從研究報告發表的 2011 年以後，持續下降。事實上，金屬價格降低，已使回收更不具經濟利益，例如錸的最後一家回收業者於 2018 年初停業後，錸的回收率今日幾近為零。此資料來自 Compagnie des métaux rares 共同創辦人 Vincent Donnen 的訪談，2019 年。

36 Communication de la Commission au Parlement européen, au Conseil, au Comité économique et social européen et au Comité des régions relative à la liste 2017 des matières premières critiques pour l'UE, 13 septembre 2017.

37 〈Hitachi recycling scarce rare earths〉, *The Japan Times*, 10 décembre 2010.

38 金屬回收公司Terra Nova Developpement共同創辦人湯瑪士（Christian Thomas）的訪談，2017年。

39 〈巴塞爾公約〉可管控危險垃圾的跨境移動與清除，1989年3月22日於瑞士巴塞爾簽署。見http://www.basel.int/。

40 特別是含有六價鉻、銅、鋅、鎘或銻的垃圾出口，遭到公約禁止。

41 〈EU Serious and Organised Crime Threat Assessment (SOCTA)〉, Europol, 2013.

42 〈Countering WEEE Illegal Trade (CWIT) Summary Report, Market Assessment, Legal Analysis, Crime Analysis and Recommendations Roadmap〉, Huisman, J., Botezatu, I., Herreras, L., Liddane, M., Hintsa, J., Luda di Cortemiglia, V., Leroy, P., Vermeersch, E., Mohanty, S., van den Brink, S., Ghenciu, B., Kehoe, J., Balde, C.P., Magalini, F., and Bonzio, A., August 31, 2015, Lyon, France.

43 Martin Eugster, Roland Hischier, 〈Key Environmental Impacts of the Chinese EEE-Industry〉, Tsinghua University, Chine, 2007.

44 見〈Les terres rares: des propriétés extraordinaires sur fond de guerre économique〉, 與法國科學院稀土專家Paul Caro合撰。

45 〈Rare Earth and Radioactive Waste: A Preliminary Waste Stream Assessment of the Lynas Advanced Materials Plant, Gebeng, Malaysia〉, National Toxics Network, avril 2012。相同情況發生在我們曾於2011年進行調查的馬來西亞：在1970年代末期和1994年間，日本三菱集團

在馬來西亞北部的紅泥山（Bukit Merah）開採與精煉稀土。環保人士陳嘉慶向我們透露：「這些活動產生了具有非常強烈輻射的廢棄物，對核能業而言，這是中度活動的放射性廢棄物，需要非常謹慎處理。但是……他們將廢棄物放在生鏽的老舊桶子裡，並用塑膠袋覆蓋。真是令人難過！三菱關廠後，就離開了。現在，我們將與這些廢棄物共處一百四十四億年！」紅泥山是亞洲輻射量最高的地點之一，我們到訪時，當地正投入一億美元進行整修防護。見 Guillaume Pitron 與 Serge Turquier 的紀錄片 *La Sale Guerre des terres rares*, 2012。

46 〈The Growing Role of Minerals and Metals for a Low Carbon Future〉, The World Bank Group, juin 2017.

47 見〈Tavares ne veut pas revivre un "dieselgate"avec l'électrique〉, Reuters, 12 septembre 2017。塔瓦雷斯也說到：「這些波動和混亂，將回過頭來對我們不利，因為我們可能在情緒性的情境下，做出錯誤的決定，思慮不足且不夠客觀。」隔年，日本汽車集團凌志（Lexus）的總裁澤良宏，補充說道：「電動車目前需要長的充電時間，以及製造時影響環境、變老舊時品質降低的電池。接著，電池需要更換時，我們必須考慮未來使用與回收的計畫，這或許是比目前言論所暗示的還更加複雜的議題，我寧願以更誠實的方式，前進未來。」〈Lexus boss on EVs, autonomy and radical design〉, Autocar, 11 août 2018. https://www.autocar.co.uk/car-news/industry/lexus-boss-evs-autonomy-and-radical-design

第 3 章　把汙染移轉他國

1 Philippe Bihouix et Benoit de Guillebon, *Quel futur pour les métaux? Raréfaction des métaux: un nouveau défi pour la société*, EDP Sciences, 2010.

2 Mineral Resources On-Line Spatial Data, USGS: http://mrdata.usgs.gov/ree/.

3　出處同上。

4　出處同上。

5　〈Rare Earth Mining at Mountain Pass〉, *Desert Report*, mars 2011.

6　中國稀土行業協會副祕書長陳占恆的訪談，2016年。

7　萊納斯公司前總經理Eric Noyrez的訪談，2019年。他現在擔任Sierra Verde Rare Earth的總經理。

8　Eric Noyrez補充道：「全球經濟危機事實上導致計畫凍結一年多。2009年9月，柯蒂斯成功募得重啟計畫所需的款項，工程於2010年1月展開。第一克稀土直到2013年，才從威爾德山的礦坑中挖出。」

9　丟莫索（Jean-Yves Dumousseau）的訪談，2011年。丟莫索當時擔任美國氰特（Cytec）化學公司的商業主任。

10　詳細的年表，參見http://www.solvay.fr/fr/implantations/la-rochelle/la-rochelle-historique.html.

11　羅納普朗克與羅地亞稀土的前工業與原料主任杜聶（Jean-Paul Tognet）的訪談，2016年與2017年。

12　新港灣（baie de Port Neuf）礫石灘位於米尼姆港（port des Minimes）對面，離聖尼古拉塔（tour Saint-Nicolas）不到兩公里。

13　CRIIRAD（Commission de recherche et d'information indépendantes sur la radioactivité）核物理工程師Bruno Chareyron的訪談，2016年。

14　羅納普朗公司前任工程師Régis Poisson表示，有關當局有一天問道：「是否能夠除去工廠排放紅色煙霧的顏色？看起來很骯髒！」

15　Alain Roger et François Guéry (dir.), *Maîtres et protecteurs de la nature*, Champ Vallon, 1991.

16　〈La CRIIRAD crie à la radioactivité dans la baie de La Rochelle〉, *Libération*, 19-20 mars 1988.

17 〈La CRIIRAD crie à la radioactivité dans la baie de La Rochelle〉, art. cité.

18 與杜聶（Jean-Paul Tognet）的訪談，2016年與2017年。

19 Rapport sur la gestion des déchets très faiblement radioactifs, par M. Jean-Yves Le Déaut, Office parlementaire d'évaluation des choix scientifiques et technologiques (OPECST), 1992, p. 67 et suivantes.

20 與杜聶（Jean-Paul Tognet）的訪談，2016年與2017年。

21 出處同上。我們2016年底聯絡Jean-René Fourtou，但他並未回覆我們的採訪請求。

22 問題似乎一直持續到至少2002年：CRIIRAD的一份新研究顯示，新港灣礫石灘上「舊排放廢棄物管路的持續汙染」。見報告CRIIRAD n° 10-149 V1 1,〈Mesures radiamétriques sur terrain de l'université de La Rochelle〉, 15 décembre 2010。Bruno Chareyron表示：「工程並未拆除，靠近管道的區域甚至未被標記。業者並未盡全力降低居民受到輻射的暴露。」

23 與丟莫索（Jean-Yves Dumousseau）的訪談，2016年。杜聶（Jean-Paul Tognet）則指出，中國的價格比競爭者低約25%。

24 出處同上。

25 〈Toxic Memo〉, *Harvard Magazine*, 5 janvier 2001.

26 法國地質與礦物調查局（BRGM）Patrice Christmann的訪談，2013年。

27 Règlement (CE) n' 1907/2006 du Parlement européen et du Conseil du 18 décembre 2006 concernant l'enregistrement, l'évaluation et l'autorisation des substances chimiques, ainsi que les restrictions applicables à ces substances (REACH), et instituant une Agence européenne des produits chimiques.

28 Chemical Reaction: The U.S. Response to REACH, Harvey Black, Environ Health Perspectives, mars 2008.

29 現為法國軍事學校戰略研究所（IRSEM）「軍備與國防經濟」領域主任Christophe-Alexandre Paillard的訪談，2013年。

30 OCDE企業負責任行為單位的工業開採政策顧問Louis Maréchal指出，我們將生產的責任轉移給礦業國家，同樣也將附隨的社會影響外包：貪腐、衝突、治理問題、黑市、違反人權等。Louis Maréchal的訪談，2017年。

31 Northern Graphite總裁Gregory Bowes的評論，5e Annual Cleantech & Technology Metals Summit: Invest in The Cleantech Revolution, 2016。

32 北京清華大學政治學教授薛瀾的訪談，2016年。

33 〈Annual Report Pursuant to Section 13 or 15(D) of the Securities Exchange Act of 1934 For the Fiscal Year Ended September 29, 2018〉, Apple Inc, 2018. 蘋果公司2019年度的環境報告，提到手機中金屬的存在，如稀土、鈷、鎢，但未提到開採與精煉的條件。〈Environmental Responsibility Report, 2019 Progress Report, covering fiscal year 2018〉, Apple Inc, 2019.

34 〈Environmental Impact Report〉, Tesla Motors, Inc, 2019.

35 舉個例子，可閱讀〈Time to Recharge: Corporate Action and Inaction to Tackle Abuses in the Cobalt Supply Chain〉, Amnesty International, 2017. (lien: https://www.amnesty.org/download/Documents/AFR6273952017ENGLISH.PDF)

36 〈Le Fairphone, le smartphone anti-obsolescence programmée〉, France Inter, 2 octobre 2017.

37 〈The 'right to repair' movement wants you to be able to fix your own stuff〉, Public Radion International, 24 decembre 2018.

38 參見網站https://therestartproject.org

39 參見網站www.ifixit.com與文章〈Meet the $21 Million Company That Thinks a New iPhone Is a Total Waste of Money〉, Inc, April 2017.

40 〈2030年氣候與能源政策綱要〉要求會員國於2030年前,將二氧化碳排放量較1990年降低40%,並將可再生能源占總消耗能源比例提升至27%。

41 https://www.eesi.org/articles/view/u.s.-leads-in-greenhouse-gas-reductions-but-some-states-are-falling-behind

42 這樣的現實,解釋了北京大學經濟教授陳松蹊告訴我們的充耳不聞現象,他在2014年一架芝加哥飛往北京的飛機上,和密爾瓦基的美國鋼鐵商對話:「我跟他說:『你們造成中國的這個汙染!』他向我回答:『但我不是這個產業的老闆!』」與陳松蹊的訪談,2016年。

43 在這十年內,一直到2001年9月11日之前,美國的軍事支出幾乎是穩定下降。見〈Trends in U.S. Military Spending〉, Council on Foreign Relations, 15 juillet 2014。法國也有相同趨勢,以等值的歐元計算,國防預算在二十五年間下降20%,2015年為三百一十四億歐元。見〈En euros constants, le ministère de la Défense a perdu 20 % de son budget en 25 ans〉, Le Monde, 29 avril 2015.

44 戰略金屬委員會(COMES)前祕書長萊格(Alain Liger)的訪談,2016年。

45 與霍爾加藤(Hallgarten)公司創辦人艾可斯東(Chris Ecclestone)的訪談,2016年。艾可斯東表示,庫存不在國庫的掌控內,而是五角大廈。變現使美軍能夠彌補國防預算的下滑,並做為購買新設備的資金,如無人機、飛機、智慧型炸彈。

46 與時任Natexis Asset Management經濟研究部原物料市場分析師Jean-Philippe Roos的訪談,2010年。這個行動顯然開始得更早:1972年與1979年簽署戰略武器限制談判(SALT)一輪與二輪協議後,前蘇聯

解除某些核彈庫存，並將裡面的鈾賣給美國人。突然進入市場的大量礦物，因此「扼殺」了美國鈾工業。

47 〈Braderie forestière au pays de Colbert〉, *Le Monde diplomatique*, octobre 2016.

48 〈Grasse se remet au parfum〉, *M. Le magazine du Monde*, 11 juillet 2016.

49 Thales, document de référence 2015, incluant le rapport financier annuel.

50 戰略金屬委員會前祕書長萊格（Alain Liger）的訪談，2016年。

51 在葡萄牙，法國地質與礦物調查局（BRGM）的地質學家發現尼維斯－柯爾佛（Neves-Corvo）的鋅銅礦。在魁北克，BRGM的探勘使蘭格拉礦（mine Langlois）成功開採出銅礦與鋅礦。

52 戰略金屬委員會前祕書長萊格（Alain Liger）的訪談，2016年。

53 出處同上。

54 參閱以下報告中的數據：〈Trends in the mining and metals industry〉, ICMM (International Council of Mining & Metals), October 2012.

55 Jean-Marie Guehenno, *Livre blanc sur la défense et la sécurité nationale 2013*, La Documentation française, 2013.

56 1984年，剛退休的Alain de Marolles出版一本分析未來可能的書籍，他在書中主要提到正在進行的「第三次工業革命」，由電子業、太空競賽與生物學推進。他注意到這些產業需要可觀的金屬數量，並預言某些資源，如銅、鈷、錳、鎳、鉛、鉑與金，未來將從海底開採。見 Alain de Gaigneron de Marolles,《*L'Ultimatum. Fin d'un monde ou fin du monde?*》, Plon, 1984。

57 與Technology Metals Research顧問公司Jack Lifton的訪談，2016年。

58 自然資源戰略家Didier Julienne的訪談，2016年。

59 歌手甘斯柏（Serge Gainsbourg）曾在1971年的歌曲Cargo Culte中提及。

60 〈The surprising number of American adults who think chocolate milk comes from brown cows〉, *The Washington Post*, 15 juin 2017.

第 4 章　非常禁運令

1 《*Mineral Commodity Summaries*》, U.S. Geological Survey, 2017.

2 Communication de la Commission au Parlement européen, au Conseil, au Comité économique et social européen et au Comité des régions relative à la liste 2017 des matières premières critiques pour l'UE, 13 septembre 2017.

3 與Chatham House原物料專家Felix Preston的訪談，2016年。同樣見Felix Preston, Rob Bailey et Sian Bradley (Chatham House), et Dr Wei Jigang et Dr Zhao Changwen (DRC), 〈Navigating the New Normal. China and Global Resource Governance. A joint DRC and Chatham House report〉, janvier 2016.

4 見le rapport d'information sur la gestion durable des matières premières minerales au nom de la Commission du développement durable et de l'amènagement du territoire, présenté par les députés MM. Christophe Bouillon et Michel Havard, Assemblée nationale, 2011.

5 〈La Chine met les matières premières sous pression〉, *Les Échos*, 7 juillet 2015.

6 與《華爾街日報》香港辦公室負責原物料主題的記者Andrew Peaple 的訪談，2016年。

7 Geneviève Barman et Nicole Dulioust, 〈Les années françaises de Deng Xiaoping〉, *Vingtième Siècle. Revue d'histoire*, année 1988, vol. 20, n' 1, p. 17-34.

8 〈Le singe et la souveraineté des ressources〉, *Le Cercle – Les Échos*, 12 fevrier 2016.

9 Rapport d'information n' 349 (2010-2011) fait au nom de la Commission des affaires étrangères, de la défense et des forces armées sur la sécurité des approvisionnements stratégiques de la France, par M. Jacques Blanc, 2011.

10 一般而言，西方國家都對礦物生產大國採取依賴的態度。因此，美國有十七種礦物對外國供應商的依賴程度為100％，如銣、鈧、石墨、銦、釷。有二十九種礦物的依賴程度達到80％，有四十一種為50％。見〈Going Critical: Being Strategic with Our Mineral Resources〉, USGS, 13 décembre 2013。歐盟的部分情況類似，布魯塞爾在研究五十四種金屬後，得出結論：「歐盟會員國約有90％的全球供應，來自歐盟之外。」見〈Report on Critical Raw Materials for the EU〉, Report of the Ad hoc Working Group on Defining Critical Raw Materials, mai 2014。

11 澳洲科廷大學教授金諾斯（Dudley Kingsnorth）的訪談，2016年。

12 參閱法國國際關係研究所（IFRI）學者西曼（John Seaman）所撰述的報告中的數據：〈Rare Earth and Clean Energy: Analyzing China's Upper Hand〉, Institut français des relations internationals (IFRI), septembre 2010.

13 J. Korinek et J. Kim,〈Export Restrictions on Strategic Raw Materials and their Impact on Trade〉, OECD Trade Policy Papers, n' 95, OECD Publishing, 2010.

14 主要參閱美國、歐洲與墨西哥提出的DS295、DS395與DS398訴訟，主題為中國對本身出口多種形式原物料施加的限制。中國的稀有金屬策略，和它欲建立強國新地位的意願有關。中國經濟自千禧年以來強勁成長數倍，多次展現力量，在國際事務中更具發言權。這樣的外交積極主義，促使「亞洲基礎設施投資銀行」（AIIB）於2014年成立，

以反制國際貨幣基金組織（IMF）的霸權。同樣方式，北京和區域鄰國加強雙邊關係。自2000年代初期起，中國從其海岸開始，陸續取得並設立一直到東非蘇丹港的港口設施：這個「珍珠項鍊戰略」旨在牽制鄰國印度。當然更不用說在南沙群島建立人工島。南沙群島是南海的一個區域，以蘊藏豐富天然氣聞名。中國也不擔心和日本爭執，中國於2010年從日本手中奪下全球第二大經濟體的位子，成為區域領導者。

15 與丟莫索（Jean-Yves Dumousseau）的訪談，2016年。

16 Marie-Hélène Labbe,〈L'embargo céréalier de 1980 ou les limites de l'arme verte〉, *Politique étrangère*, année 1986, vol. 51, n' 3, p. 771-783.

17 〈Le gaz russe, arme d'intimidation en Europe centrale〉, *Le Monde*, 11 septembre 2014.

18 見 https://www.youtube.com/watch?v=nQRjZAvr8HI.

19 東京大學教授岡部徹（Toru Okabe）的訪談，2011年。

20 〈Amid Tension, China Blocks Vital Exports to Japan〉, *The New York Times*, 22 septembre 2010.

21 〈Continental AG, Bosch Push EU to Secure Access to Rare Earths〉, Bloomberg, 1er novembre 2010.

22 希拉蕊女士宣稱：「我們的國家和其他國家都知道，我們將必須研究其他供應來源。這事件對我們是個警訊。」〈Clinton hopes rare earth trade to continue unabated〉, Reuters, 28 octobre 2010.

23 法國國際關係研究所學者西曼（John Seaman）的訪談，2015年。

24 一公斤的鋱，很快上漲至兩千九百歐元，為兩年前的十倍。來源：〈Rhodia renouvelle ses filons de terres rares〉, *L'Expansion*, 2 novembre 2011。一公斤的鏑，2011年中的交易價為將近三千美元的高昂價格，是2003年的一百倍。來源：〈Les matières premières comme enjeu stratégique majeur: le cas des "terres rares"〉, présentation de M. Christian

Hocquard. 請參閱 http://archives.strategie.gouv.fr/cas/content/23e-rendez-vousde-la-mondialisation-matieres-premieres-metaux-rares-ressources-energetiques.html.

25 「如果一杯2美元的咖啡，和銪的通貨膨脹程度相同，咖啡現在會是24.55美元。」奇異（General Electric）公司以此解釋，向客戶證明漲價的原因。見〈Rhodia renouvelle ses filons de terres rares〉, art. cité。

26 2016年，皇家巴福肯控股（Royal Bafokeng Holdings）公司為了多樣化收入來源，決定將比例降至6.3%。見〈Why Royal Bafokeng is selling Implats〉, Moneyweb, 5 avril 2016。

27 憑藉礦產的收入，巴福肯人展開大規模的投資策略，取得不同領域的股份，如保險、電信、體育、或公共建設。為了「加冕」一切，他們研擬了稱為「願景2035」（Vision 2035）的計畫，因為預計在2035年將達到白金開採的高峰，這時候必須建立白金經濟的獨立、可持續模式之基礎。

28 在非洲鄰近區域，南非與尚比亞的部落酋長，甚至剛果民主共和國總統卡比拉（Joseph Kabila），皆曾造訪福坑。

29 從2012年起，烏蘭巴托政府公布一項法律，徹底規範若干被視為具戰略性蒙古產業中的外國投資客，包括礦業。

30 〈Qatar Fund Raises Stake in Xstrata〉, *The New York Times*, 23 aout 2012。超達（Xstrata）於2013年與嘉能可（Glencore）集團合併。

31 〈Quand les Etats défient les groupes miniers〉, *Les Échos*, 13 novembre 2017.

32 印尼能源部礦物資源主任Sukhyar Raden的訪談，2015年。

33 〈Export Restrictions in Raw Materials Trade: Facts, Fallacies and Better Practices〉, OECD, 2014.

34 他們也受到聯合國第1803 (XVII) 號決議的幫助，該決議於1962年通過，以保障「民族與國家對其財富與自然資源的永久主權」。

35 與Technology Metals Research顧問公司Jack Lifton的訪談，2016年。

36 保護主義的現象，有一大部分也是西方商業手法所導致。中國同樣是西方國家與西方集團執行商業報復措施的目標。正如全球貿易警戒組織（GTA）在〈The Global Trade Disorder〉（2014）報告中指出，2011年起，針對中國的保護主義措施已增為三倍。雷曼兄弟（Lehman Brothers）銀行破產造成的金融危機，無疑是個轉捩點，使傳統上是國際商業守護者的國家進入兇手的陣營。IHS集團北京辦公室分析師Brian Jackson解釋，在這個情境下，「在之前的贏家，即西方國家，正在成為輸家的時刻，中國必須因應全球化範例的轉變。」世界經濟論壇（Forum économique mondial）對此感到憂心。這個總部設在瑞士日內瓦的基金會，觀察到愈來愈多違反礦物資源貿易的情形，且非常擔心這些違例在某份出版品中列為「橙色」，甚至是「紅色」的情況發生。世界經濟論壇的這個預言所描繪的世界是：市場將「受到國家干預的影響」，商業將由「保護主義障礙與優惠協議的複雜網絡」決定，「商品、人力與資金的有限流通」將會盛行。見報告〈Mining & Metals. Scenarios to 2030〉, The World Economic Forum, 2010。

37 在2018年，全球鋼生產量為十八億八百萬噸。見〈Global crude steel output increses by 4.6% in 2018〉, World Steel Association, 25 janvier 2019。

38 事實上，中國到今日都沒有加入全球報告倡議組織（Global Reporting Initiative），這個國際組織旨在鼓勵各國在處理環境、經濟和社會影響的課題時，要更具透明性。

39 〈Matières premières: le grand retour des stratégies publiques〉, *Paris Tech Review*, 4 mai 2012.

40 為了特別瞭解金融業在原物料市場漸增的角色，見紀錄片 *Traders – Le marché secret des matières premières*, de Jean-Pierre Boris et Jean Crepu (2014)。以下為一段節錄：「2000年3月13日，網路泡沫破滅，

那斯達克指數暴跌。金融業者離開這個市場,並尋找新的獲利機會。兩位經濟學家戈頓(Gary Gorton)與勞沃許(K. Geert Rouwenhorst)思考這個問題,並發表名為〈Faits et fantasmes à propos des contrats à terme sur les matières premières〉的報告。根據此報告,投資原物料非常有利可圖,應該用來多樣化投資標的。大型銀行都清楚瞭解報告的意義,並投入原物料的利基市場。」

41 同樣也有鈀、鈷、鉬投機行為的案例。

42 〈Electric carmakers on battery alert after funds stockpile cobalt〉, *The Financial Times*, 23 février 2017。我們也能夠舉出2009年底,第三方以實體投資原物料的手段,儲存大量的銦。根據媒體指出,目的是為了「使這個小市場枯竭,並使價格暴漲」。可參閱〈La Chine restreint ses exportations de matières premières stratégiques〉, *Le Monde*, 29 décembre 2009。

第5章　奪取高科技

1　必須按照正確的比例,將金屬熔化在一起,冷卻後形成合金,接著將合金碾碎成粉末,然後壓縮、鍛造成零件,最後進行燒結。這是「粉末冶金」的製程,更技術性的解釋可參閱Sandro Buss,〈Des aimants permanents en terres rares〉, *La Revue polytechnique*, n' 1745, 13 avril 2010。

2　當轉動打火機的打火輪,打火輪摩擦火石,即是利用鈰與鑭這兩種稀土金屬的合金,以製造火花,點燃火芯或瓦斯。

3　瓦斯罐產生火焰的白光不是因為瓦斯,而是因為鈰。我們將鈰覆蓋在罩子內部,並以火焰刺激,鈰這種稀土金屬就會產生高強度的白光,可用於照明。見研討會報告〈Terres rares: enjeux stratégiques pour le développement durable〉, donnée par Patrice Christmann, directeur adjoint à la stratégie du BRGM, dans le cadre des Grands Séminaires de l'Observatoire Midi-Pyrénées du CNRS, 17 septembre 2013。

4 稀土金屬覆蓋在螢幕後側的表面，受到陰極射線管的「刺激」，產生彩色的光，因此有畫面。銪會產生紅色光，鋱會產生綠色光。

5 指的是兩種「釤（Sm）鈷（Co）磁鐵」，化學式分別為 $SmCo_5$ 與 Sm_2Co_{17}，以及另一種以釹（Nd）的稀土和鐵（Fe）、硼（B）製成的磁鐵，化學式為 $Nd_2Fe_{14}B$。釹鐵硼磁鐵的發明者為日本住友特殊金屬公司的日本人佐川真人與通用汽車公司的美國人 John Croat。

6 一個例子：釤「主要用於製造永久磁鐵。這個科技應用在阿爾斯通（Alstom）的新一代法國高鐵（TGV），能夠使馬達縮小30%至40%，動力提升10%至20%」。請參閱〈Le CAC 40 accro aux "terres rares"〉, *L'Expansion*, 12 novembre 2012。

7 與 Technology Metals Research 顧問公司 Jack Lifton 的訪談，2016年。法國國立高等工程技術學院電機工程副教授暨汽車與電動車研究所所長 Philippe Degobert 表示，鐵氧磁鐵的力量實際上是釤磁鐵的七分之一、釹磁鐵的十分之一。

8 陳占恆的訪談，2016年。

9 艾可斯東（Chris Ecclestone）的訪談，2016年。

10 見羅納普朗克的前工程師波以松（Régis Poisson）的文章〈La guerre des terres rares〉, *L'Actualité chimique*, n' 369, décembre 2012。

11 杜聶（Jean-Paul Tognet）的訪談，2016年與2017年。

12 出處同上。

13 丟莫索（Jean-Yves Dumousseau）的訪談，2016年。

14 波以松（Régis Poisson），〈La guerre des terres rares〉, art. cité.

15 丟莫索（Jean-Yves Dumousseau）的訪談，2016年。

16 杜聶（Jean-Paul Tognet）的訪談，2016年與2017年。

17 出處同上。

18 出處同上。

19 鋼鐵工人聯合會（United Steelworkers）羅賓森（Jim Robinson）的訪談，2011年。

20 羅納普朗克前工程師波以松（Régis Poisson）的訪談，2013年。

21 主要見波以松（Régis Poisson），〈La guerre des terres rares〉, art. cité.

22 顧問公司Roskill的David Merriman的訪談，2016年。

23 根據一名匿名的法國業者表示，歐洲製造商與中國製造商的購買價差，可能達到驚人的七比一。但杜磊（Jean-Paul Tognet）認為，這個比例似乎過於誇大。

24 丟莫索（Jean-Yves Dumousseau）的訪談，2011年。

25 見〈Baotou Rare Earth High-Tech Industrial Development Zone〉, *China Daily*, 27 octobre 2015.

26 內蒙自治區的產業包括新能源、大數據與雲端資訊、新材料、能源經濟與環境保護、高檔材料製造、蒙古傳統醫藥與生物科技。見〈De l'exploitation minière aux big data: le développement économique de la Mongolie-Intérieure〉, Centre d'informations sur Internet de Chine, 8 août 2017。包頭市強化其雄心，開發一座面積四百七十平方公里的稀土工業區。見〈Huge rare earth industrial park coming to Inner Mongolia〉, *China Daily*, 29 août 2017。

27 金諾斯（Dudley Kingsnorth）的訪談，2016年。

28 工業機器人甚至是未來「工廠4.0」（智慧且高度連結網路）的基石，德國人現在已經稱霸這個嶄新的領域。德國工具機產業於2015年創造了超過一百五十億歐元的財富、出口四分之三的產品、雇用近七萬名員工。這是德國經濟的一大支柱。見〈German machine tool industry expects moderate growth in 2016〉, Verein deutscher Werkzeugmaschinenfabriken, 2016。

29 更詳細的資料，見法國地質與礦物調查局（BRGM）的公開報告，〈Panorama du marché du tungstène〉, juillet 2012。

30 艾可斯東（Chris Ecclestone）的訪談，2016年。

31 出處同上。

32 德國中堅企業或許贏得此役，但尚未贏得整場戰爭：中國事實上繼續垂涎德國工業機器人產業的某些明星，例如庫卡（KUKA）公司。見〈Allemagne: le "Mittelstand"face à l'offensive chinoise〉, *Le Monde*, 4 juin 2016。

33 〈U.S. Brings WTO Challenge Against China Over Copper, Graphite, Other Minerals〉, *The Wall Street Journal*, 13 juillet 2016。

34 〈United States Expands Its Challenge to China's Export Restraints on Key Raw Materials〉, Office of the United States Trade Representative, juillet 2016.

35 媒體金屬網（*Metal Pages*）的北京辦公室記者Daisy Chen的訪談，2016年。程序仍在進行中，最新情況可見網站：https://www.wto.org/english/tratop_e/dispu_e/cases_e/ds558_e.htm

36 艾可斯東（Chris Ecclestone）的訪談，2016年。

37 與Kloeckner Metals集團總裁Thomas Kruemmer的訪談，2016年。

38 而且何不甚至建立有匱乏風險的「重要超級磁鐵」清單？中國採行稀土產業的勒索策略，根據艾可斯東表示，中國威脅風機的主要製造者丹麥，將暫停對丹麥出口稀土磁鐵。在此事件後，我們就應思考上述問題。

39 自然資源戰略家Didier Julienne的訪談，2016年。

40 與Technology Metals Research顧問公司Jack Lifton的訪談，2016年。

41 戰略金屬委員會（COMES）前祕書長萊格（Alain Liger）的訪談，2016年。

42 〈Tin: The Secret To Improving Lithium-Ion Battery Life〉, *Forbes*, 23 mai 2012。

43 印尼國有錫業集團公關負責人Agung Nugroho Soeratno的訪談，2014年。

44 出處同上。

45 位於英國的國際錫研究院（International Tin Research Institute）分析師Peter Kettle的訪談，2016年。

46 〈Shanghai to Match London Metals as China Seeks Commodities Sway〉，*Bloomberg News*, 26 mars 2015. 期貨市場為交易「期貨」的衍生市場，為了不受交易價格不穩定的影響，賣家與買家事先以固定的價格，同意一項商品未來的販售。

47 〈China's ShFE plans commodities platform to set physical prices〉，Reuters, 15 May 2018.

48 〈Bursa Malaysia Derivatives introduces futures tin contract〉，*The Star*, 29 septembre 2016.

49 這類政策短期內是否能夠影響世界交易價，尚未有定論。但是英國分析師Peter Kettle認為，「這對地方的經紀人是不錯的機會，他們因此可從原本會在英國進行的金融交易中獲利。」這類股市的設立因此可強化當地宣稱的「亞洲大都會金融中心」的地位。

50 鎳與鋁礬土。見〈Indonesia eases ban on mineral exports〉, *The Financial Times*, 13 janvier 2017。

51 Hervé Kempf,《*Fin de l'Occident, naissance du monde*》, Seuil, 2013.

52 研究團體Cercle Cyclope在巴黎所舉辦一場會議上的致詞，2016年。

53 見紀錄片〈Africa Mining Vision〉, African Union, février 2009。

54 主要參閱世界銀行的報告〈Increasing Local Procurement By the Mining Industry in West Africa〉, janvier 2012。

第 6 章　中國超越西方的那一天

1　柯爾貝爾主義即「重商主義」，我們在此使用法國經濟學者柯恩（Élie Cohen）首次在他的著作中所闡述的用語，《*Le Colbertisme high-tech. Économie des télécoms et du grand projet*》, Hachette Livre, coll. 〈Pluriel〉, 1992。

2　Claude Chancel et Libin Liu Le Grix, 《*Le Grand Livre de la Chine*》, Eyrolles, 2013.

3　引述安可顧問公司（APCO）高級顧問馬葛立格（James McGregor）的文章：〈China's Drive for "Indigenous Innovation". A Web of Industrial Policies〉, U.S. Chamber of Commerce, 2010.

4　見 le〈Bulletin économique Chine〉de la Direction générale du Trésor, n' 34, mars 2011。

5　第十三個五年規劃綱要，主要參閱〈Prosperity for the masses by 2020 – China's 13th Five-Year Plan and its business implications〉, PwC China, Hong Kong et Macau, 2015。

6　北京清華大學政治學教授薛瀾的訪談，2016年。

7　我們從以下的書籍借用這個說法：Malo Carton et Samy Jazaerli,《*Et la Chine s'est éveillée. La montée en gamme de l'industrie chinoise*》, Presses de l'École des mines, 2015。

8　中國國務院發展研究中心世界發展研究所副所長丁一凡的訪談，2016年。

9　〈The National Medium and Long-Term Plan for the Development of Science and Technology (2006-2020)〉, The State Council of the People's Republic of China, 2006。

10　James McGregor,〈China's Drive for "Indigenous Innovation". A Web of Industrial Policies〉, U.S. Chamber of Commerce, 2010.

11 出處同上。

12 見Jean-Louis Beffa,《*Les Clés de la puissance*》, Seuil, 2015.

13 〈863計劃〉的全名為〈高技術研究發展計劃綱要〉，這個計劃綱要是在1986年3月提出並經中國國務院批准的。〈863計劃〉的前兩個數字為計劃發起年份，第三個數字為月份。

14 〈2019 Global R&D Funding Forecast〉, *R&D Magazine*, winter 2019。

15 上海自貿區研究院秘書長陳波教授的訪談，2016年。

16 〈China 'employs 2 million to police internet'〉, *CNN*, 7 October 2013。

17 對中國礦物資源產業創新體系的批評，主要見報告Nicholas Arndt (Institute of Earth Sciences), Thierry Auge (BRGM) et Michel Cuney (Laboratoire de géo-ressources à l'université de Lorraine), 〈Les Ressources minérales en Chine〉, juillet 2014。

18 與Mutandis顧問公司Bruno Gensburger顧問的訪談，2016年。一名不願具名的法國專家表示，他從某個電子集團中國老闆口中，聽到有關其員工的言論：「他們沒有想法，因為他們很聽話！如果他們不聽話，我就修理他們。」

19 Bernard Apremont,〈L'économie de l'URSS dans ses rapports avec la Chine et les démocraties populaires〉, *Politique étrangère*, année 1956, vol. 21, n' 5, p. 601-613。

20 James McGregor,〈China's Drive for "Indigenous Innovation". A Web of Industrial Policies〉, U.S. Chamber of Commerce, 2010.

21 法新社北京辦公室記者Julien Girault的訪談，2016年。

22 中國國務院發展研究中心世界發展研究所副所長丁一凡的訪談，2016年。

23 〈China will attempt 30-plus launches in 2019, including crucial Long March 5 missions〉, *SpaceNews*, 29 January 2019.

24 北京清華大學政治學教授薛瀾的訪談，2016年。此現象顯示，面對美國與歐洲的雙頭壟斷，發展中國家在知識生產上的貢獻力量增加了。聯合國教科文組織當時的祕書長博科娃（Irina Bokova）曾在2015年一份有關科學的報告中，強調新的「智慧決鬥」（此說法借自Claude Chancel et Libin Liu Le Grix,《Le Grand Livre de la Chine》, Eyrolles, 2013.）。博科娃女士在報告中確認，「北方與南方研究上的差距，正在縮小，而許多國家將科學、技術與創新，融入它們的發展策略中」。見報告〈UNESCO Science Report: Towards 2030〉，2015年。早在2010年，博科娃已觀察到：「科學與技術曾受到歐盟、日本與美國的三大團體主宰，這樣的兩極世界慢慢轉變為多極世界，數量漸增的研究中心將從北方擴展至南方。」見〈Recherche et développement: les Etats-Unis, l'Europe et le Japon de plus en plus concurrencés par les pays émergents, selon un rapport de l'UNESCO〉, Unescopress, 10 novembre 2010。

25 〈China continues to dominate worldwide patent applications〉, Engineering & Technology, 4 December 2018。在2018年，美國國家科學基金會的〈Science & Engineering Indicators〉報告同樣觀察到，中國2016年發表四十二萬六千篇文章，成為全世界發表最多科學論文的國家。見〈Science & Engineering Indicators 2018 Report〉, National Science Board, 2018。另可參閱文章〈China Declared World's Largest Producer of Scientific Articles〉, Scientific American, 23 janvier 2018。

26 見Jean-Louis Beffa,《Les Clés de la puissance》, Seuil, 2015.

27 但是2018年之後，北京再度被美國的兩臺超級電腦給超越。請參閱Top500的排名：https://www.top500.org/list/2019/06/。

28 〈La Chine devient la première puissance informatique au monde〉, Le Figaro, 21 juin 2016.

29 〈China's quantum satellite in big leap〉, BBC, 15 juin 2017.

30 〈Clean Energy Investment Exceeds $300 Billion Once Again in 2018〉,

Bloomberg, 16 January 2019。中國計劃將此金額於2020年提升至三千六百億美元。見〈China Aims to Spend at least \$360 Billion on Renewable Energy by 2020〉, The New York Times, 5 January 2017.

31 〈Voiture électrique: quand la Chine nous électrocutera〉, Caradisiac. com, 16 octobre 2017。如同PSA集團老闆塔瓦雷斯（Carlos Tavares）2017年9月在法蘭克福車展中證實：「一個世紀以來，中國人追求內燃機並支付專利費用給西方。現在他們找到了突破點，成為電動車的領導者，下一世紀將和他們上一世紀所經歷的情形是對稱的。」

32 〈Glencore chief warns carmakers of cobalt supply crunch〉, *Financial Times*, 20 mars 2018.

33 〈Glencore Signs Cobalt Supply Deal with China's GEM〉, *Investing News*, 15 mars 2018.

34 見〈En Chine, la ligne rouge du virage vert〉, *Le Monde diplomatique*, juillet 2017。

35 這項研究的作者為德國弗萊貝格工業大學的范登博加（Karl Gerald Van den Boogaart），他於採礦冶金探勘學會（SME）2014年在丹佛舉辦的關鍵礦物研討會（Critical Minerals Conference）上發表報告。2016年4月，澳洲科廷大學教授金諾斯（Dudley Kingsnorth）在多倫多的第五屆潔淨科技與稀有金屬年度峰會（5e Annual Cleantech and Technology Metals Summit）引述該研究結果。

36 澳洲科廷大學教授金諾斯（Dudley Kingsnorth）的訪談，2016年。

37 粗估石油市場2015年的總額是一兆八千億美元。

38 與磁鐵製造商電子能（Electron Energy）公司鄧特（Peter Dent）的訪談，2011年。

39 金諾斯（Dudley Kingsnorth）的訪談，2016年。

40 出處同上。

41 〈Donald Trump hails new era of US energy "dominance"〉, *The Financial Times*, 30 juin 2017.

42 〈Arnaud Montebourg: "L'Europe ne peut plus être à ce point désinvolte sur la mondialisation"〉, *Le Monde*, 26 octobre 2016.

43 自然資源戰略家 Didier Julienne 的訪談，2016 年。

44 鋼鐵工人聯合會的 Gary Hubard 的訪談，2011 年。

45 從 16.4% 降至 12.4%。見〈L'industrie en France〉, infographie, 2 avril 2015。值得注意的是 2017 年法國工業的數據良好，見〈La France recrée enfin des usines〉, *Le Monde*, 29 septembre 2017。

46 〈Industry (including construction), value added (% of GDP)〉, The World Bank, 2019.

47 Jean-François Dufour, 《*Made by China. Les secrets d'une conquête industrielle*》, Dunod, 2012.

48 Brahma Chellaney, 〈"La montée du capitalisme autoritaire", principal défi pour les démocraties〉, *Le Monde*, 9 juillet 2016.

49 「北京共識」這個名稱是在 2004 年，由雷默（Joshua Cooper Ramo）在英國外交政策中心的一篇學術論文中提出。論文名稱即是〈The Beijing Consensus〉。

50 Zhao Tingyang, 《*The Tianxia System: An Introduction to the Philosophy of World Institution*》, Jiangsu Jiaoyu Chubanshe, 2005.

51 陳占恆的訪談，2016 年。

第 7 章　紅頂商人與國安算盤

1 釤 149 為中子的吸收劑，會添加到核反應爐的控制棒中，藉以降低核燃料的反應性（分裂率）。

2　許多研究報告探討了美國軍火工業裡稀土的重要性，其中包括Valerie Bailey Grasso,〈Rare Earth Elements in National Defense: Background, Oversight Issues, and Options for Congress〉, Congressional Research Service, 23 décembre 2013。

3　Jean-Claude Guillebaud,《*Le Commencement d'un monde. Vers une modernité métisse*》, Seuil, 2008.

4　與Technology Metals Research顧問公司Jack Lifton的訪談，2016年。

5　顧問公司Roskill的David Merriman的訪談，2016年。David Merriman很少談到這些稀土的本質。杜聶（Jean-Paul Tognet）認為，這裡特別指的是鈧。

6　〈One budget line Congress can agree on: Spending billions on the US military〉, The Conversation, 14 août 2019

7　麥格昆磁關廠遷走的詳細歷史，見Charles W. Freeman III,〈Remember the Magnequench: An Object Lesson in Globalization〉, *The Washington Quarterly*, The Center for Strategic and International Studies, 2009, p. 61-76。

8　〈Chinese defense spending to grow 7.5% in 2019 as Beijing seeks "world-class"military〉, *The Japan Times*, 5 Mars 2019.

9　見Thierry Sanjuan,〈L'Armée populaire de libération: miroir des trajectoires modernes de la Chine〉, *Hérodote*, n' 116, 2005.

10　邁錫尼希臘人藉由這些武器，取得軍事優越地位，戰勝敵人（主要是特洛伊人），因而繁榮興盛。

11　西班牙征服者熟知用鐵，而印加人與安地斯山其他文化只知道用銅和青銅，確實是十五及十六世紀美洲迅速被征服的因素之一。見Eric Chaline,《*Fifty Minerals that Changed the Course of History*》, Firefly Books, 2012。

12 見 Nabeel Mancheri, Lalitha Sundaresan et S. Chandrashekar,〈Dominating the World: China and the Rare Earth Industry〉, National Institute of Advanced Studies, 2013.

13 〈"Panama Papers": les affaires offshore des trafiquants et des vendeurs d'armes〉, *Le Monde*, 4 juillet 2016.

14 水門事件導致尼克森總統於1974年請辭。

15 見〈China's First Family Comes Under Growing Scrutiny〉, *The New York Times*, 2 juin 1995.

16 這項政策有四條指導原則：軍民結合、平戰結合、以軍為主、以民養軍。這些原則合在一起形成十六個字，是「十六字方針」名稱的由來。1982年1月，鄧小平將「以軍為主」修改為「軍品優先」，其他十二個字不變。

17 〈China's spies "very aggressive"threat to U.S.〉, *The Washington Times*, 7 mars 2007.

18 與 Hugo Meijer 的訪談，2016年。Hugo Meijer 現為法國軍事學校戰略研究所（IRSEM）的研究員。

19 康士坦丁尼德斯（Steve Constantinides）的訪談，2016年。康士坦丁尼德斯原任 Arnold Magnetic Technologies 公司的技術總監，後來創辦 Magnetics & Materials LLC。

20 出處同上。

21 Scott Wheeler,〈Trading with the Enemy: How Clinton Administration Armed Communist China〉, *American Investigator (Free Republic)*, 13 janvier 2000.

22 〈Illegal fundraiser for the Clintons made secret tape because he feared being ASSASSINATED over what he knew – and used it to reveal Democrats' bid to silence him〉, *The Daily Mail*, 23 février 2017.

23 〈Chinese Embassy Role in Contributions Probed〉, *The Washington Post*, 13 février 1997.

24 〈Democrats Return Illegal Contribution ; Politics: South Korean subsidiary's $250,000 donation violated ban on money from foreign nationals〉, *The Los Angeles Times*, 21 septembre 1996.

25 〈The Asia-Pacific Maritime Security Strategy: Achieving US National Security Objectives in a Changing Environment〉, US Department of Defense, 2015.

26 〈Trends in world military expenditure 2018〉, Sipri, April 2019.

27 〈Full transcript: Acting FBI director McCabe and others testify before the Senate Intelligence Committee〉, *The Washington Post*, 11 mai 2017.

28 〈Apres l'acier, Trump prêt à lancer une guerre commerciale de l'aluminium〉, *Les Échos*, 27 avril 2017.

29 〈Presidential Executive Order on Assessing and Strengthening the Manufacturing and Defense Industrial Base and Supply Chain Resiliency of the United States〉, Maison-Blanche, 21 juillet 2017.

30 〈It's Not Buy America: Admin Aide On Trump's Sweeping Industrial Base Study〉, Breaking Defense, 25 juillet 2017.

31 〈U.S. to Ensure Rare-Earth Supply Amid Trade War With China〉, Bloomberg, 4 juin 2019.

32 https://www.bloomberg.com/news/articles/2019-06-04/u-s-moves-to-ensure-rare-earth-supply-amid-trade-war-with-china

33 〈Interior Releases 2018's Final List of 35 Minerals Deemed Critical to U.S. National Security and the Economy〉, USGS, mai 2018.

34 〈Murkowski, Manchin, Colleagues Introduce Bipartisan Legislation to Strengthen America's Mineral Security〉, U.S Senate Committee on

Energy & Natural Resources, 3 mai 2019. 同樣可參見 Rare Earth Element Advanced Coal Technologies Act（REEACT）提案，該提案獲得穆考斯基參議員特別支持，目的在於從煤炭發展出稀土開採技術，可參閱：〈Manchin, Capito & Murkowski Reintroduce Rare Earth Element Advanced Coal Technologies Act〉, U.S Senate Committee on Energy & Natural Resources, 5 avril 2019.

35 訪談美國磁性材料協會（US Magnetic Materials Association）的會長李察森（Ed Richardson），2017年。

36 〈Xi's visit boosts China's critical rare-earth sector〉, Global Times, 5 mai 2019.

37 〈Commentary: U.S. risks losing rare earth supply in trade war〉, Xinhua, 29 mai 2019.

38 這項法案於2009年擴增禁止的項目，涵蓋了電磁鐵。

39 〈Defense Science Board Task Force on High Performance Microchip Supply〉, Office of the Under Secretary of Defense For Acquisition, Technology, and Logistics, 2005.

40 〈Exclusive: U.S. waived laws to keep F-35 on track with China-made parts〉, Reuters, 3 janvier 2014.

第 8 章　礦產資源爭奪戰

1 這些重要礦物主要包括鋁、鉛、鐵、銅、鎳、鉻、鋅。可參閱 United States Geological Survey Data Series 140。

2 Alain Liger, secrétaire général du Comité pour les métaux stratégiques (COMES), 〈Transition énergétique: attention, métaux stratégiques!〉, Conseil général de l'économie, de l'industrie, de l'énergie et des technologies, 7 décembre 2015.

3 兩大基本金屬產品鋼與銅的生產，於1970年至2000年間維持穩定，沒有人真的擔心可能的礦物匱乏。到了2005年，業界與媒體開始討論稀少性，因為中國突然進入原物料市場，造成供貨的強烈緊張。

4 〈Ressources minérales et énergie: rapport du groupe Sol et sous-sol de l'Alliance〉, Alliance nationale de coordination de la recherche scientifique (ANCRE), juin 2015.

5 Olivier Vidal, Bruno Goffe et Nicholas Arndt,〈Metals for a low-carbon society〉, *Nature Geoscience*, vol. 6, novembre 2013.

6 出處同上。

7 請參閱世界銀行的報告〈The Growing Role of Minerals and Metals for a Low Carbon Future〉, The World Bank Group, juin 2017, 以及〈Métaux: les besoins colossaux de la transition énergétique〉, *Les Échos*, 20 juillet 2017.

8 〈How Many People Have Ever Lived on Earth?〉, Population Reference Bureau, 2011.

9 戰略金屬委員會（COMES）前祕書長萊格（Alain Liger）的訪談，2016年。

10 這十五種主要金屬與礦物為：銻、錫、鉛、金、鋅、鍶、銀、鎳、鎢、鉍、銅、硼、螢石、錳、硒。另外五種金屬與礦物為：錸、鈷、鐵、鉬、金紅石。見〈De surprenantes matières critiques〉, *L'Usine nouvelle*, 10 juillet 2017。

11 〈Critical Metals in the Path towards the Decarbonisation of the EU Energy Sector〉, Joint Research Center of the European Commission, 2013.

12 美國德州律師皮特森（John Petersen）的訪談，2017年。

13 〈Dwindling Supplies of Rare Earth Metals Hinder China's Shift from Coal〉, *TrendinTech*, 7 septembre 2016.

14 吳瑋不排除這個可能性，吳瑋認為：中國為自己保留所有稀土資源的想法很「美好」。

15 與 Technology Metals Research 顧問公司 Jack Lifton 的訪談，2016年。另可參考法國地質與礦物調查局（BRGM）的 Christian Hocquard 於 2015年7月6日，有關科學與科技選擇評估國會辦公室（OPECST）施行稀土與原物料政策的公開聽證會會議紀錄中的發言。

16 Paul Valéry,《*Regards sur le monde actuel*》, Librairie Stock, Delamain et Boutelleau, 1931.

17 Donella H. Meadows, Dennis L. Meadows, Jorgen Randers, William W. Behrens III,《*The Limits to Growth: A Report for the Club of Rome's Project on the Predicament of Mankind*》, Universe Books, 1972.

18 法國地質與礦物調查局（BRGM）局長賴夫雷許（Vincent Laflèche）的言論，Cercle Cyclope, 2016年。

19〈La Chine importatrice nette de terres rares d'ici 2025〉, *L'Usine nouvelle*, 3 janvier 2017.

20 美國德州律師皮特森（John Petersen）的訪談，2017年。

21 Ugo Bardi,《*Le Grand Pillage: comment nous épuisons les ressources de la planète*》, Les Petits Matins, 2015.

22 出處同上。

23 這主要是金屬回收公司 Terra Nova Developpement 共同創辦人湯瑪士（Christian Thomas）的意見。

24 Ester van der Voet, Reijo Salminen, Matthew Eckelman, Gavin Mudd, Terry Norgate, Roland Hisschier, Job Spijker, Martina Vijver, Olle Selinus, Leo Posthuma, Dick de Zwart, Dik van de Meent, Markus Reuter, Ladji Tikana, Sonia Valdivia, Patrick Wager, Michael Zwicky Hauschild, Arjan de Koning,〈Environmental Risks and Challenges of Anthropogenic Metals Flows and Cycles. A Report of the Working Group on the Global

Metal Flows to the International Resource Panel〉, Kenya, United Nations Environment Programme (UNEP), 2013.

25 Ugo Bardi,《*Le Grand Pillage: comment nous épuisons les ressources de la planète*》, Les Petits Matins, 2015.

26 杜聶（Jean-Paul Tognet）的訪談，2016年與2017年。

27 Ugo Bardi,《*Le Grand Pillage: comment nous épuisons les ressources de la planète*》, Les Petits Matins, 2015.

28 Simon Winchester,《*The Map that Changed the World: William Smith and the Birth of Modern Geology*》, HarperCollins, 2001.

29 〈North Korea May Have Two-Thirds of World's Rare Earths〉, *The Diplomat*, 22 janvier 2014.

30 〈Hands off Brazil's niobium: Bolsonaro sees China as threat to utopian vision〉, Reuters, 25 octobre 2018.

31 〈Australia's 15 projects aim to break China rare earths dominance〉, Financial Times, 3 septembre 2019.

32 〈Bill Gates and fellow billionaires invest in AI mapping technology to search for ethical cobalt〉, Small Caps, 6 mars 2019.

33 〈Japan to import rare earth from India〉, Reuters, 28 août 2014.

34 〈Merkel signs export deal with Mongolia〉, *The Local*, 13 octobre 2011.

35 〈North Korea could rival China on rare earths reserves〉, *RT News*, 9 janvier 2012.

36 歐盟和加拿大於2017年2月簽署的全面經濟貿易協定（CETA），旨在簡化歐洲企業對加拿大開採產業的投資。

37 〈President Trump's interest in buying Greenland: 5 questions, answered〉, BBC, 16 août 2019.

38 自然資源戰略家Didier Julienne的訪談，2016年。

39 〈Métaux: les besoins colossaux de la transition énergétique〉, *Les Échos*, 20 juillet 2017.

40 〈Switch to Renewables Won't End the Geopolitics of Energy〉, Bloomberg, 21 août 2017. 文章作者同為以下報告的共同作者Meghan O'Sullivan, Indra Overland et David Sandalow, 〈The Geopolitics of Renewable Energy〉, Columbia University Center on Global Energy Policy, juin 2017.

41 吳瑋的訪談,2011年。

42 〈Luanda names rare earths a priority in bid to entice Beijing〉, *Africa Mining Intelligence*, 20 December 2016.

43 〈La bataille des terres rares〉, *Afrique Méditerranée Business*, 18 février 2014.

44 一公斤的鋱在禁運之後售價為兩千九百歐元,現在只值約五百歐元。一公斤的鏑曾售價超過兩千八百歐元,現在交易價將近十分之一。來源:http://mineralprices.com/.

45 艾可斯東(Chris Ecclestone)的訪談,2016年。

46 〈California rare earths miner races to restart refining after China doubles tariffs in trade war〉, *The Japan News*, 26 août 2019.

47 出處同上。

48 〈Exclusive: Evidence of Chinese Interests driving Effort to block Stans Energy in Kyrgyzstan〉, InvestorIntel, 18 avril 2013.

49 〈Mountain Pass sells for $20.5 million〉, Mining.com, 16 juin 2017.

第 9 章　從陸地到海洋、到太空

1 〈Montebourg veut que la France retrouve sa bonne mine〉, AFP, 22 février 2014.

2 〈Macron enterre la Compagnie des mines de France chère à Montebourg〉, *Challenges*, 9 février 2016.

3 〈Emmanuel Macron préside l'installation du groupe de travail chargé de définir la "mine responsable"du xxie siècle〉, communiqué de presse, ministère de l'Economie, de l'Industrie et du Numérique, 1er avril 2015.

4 〈Emmanuel Macron engage la démarche "mine responsable"〉, *Minéral Info*, 28 mars 2015.

5 〈Une réforme du code minier pour enterrer le gaz de schiste〉, *Le Monde*, 17 janvier 2017.

6 〈Creuser et forer, pour quoi faire? Réalités et fausses vérités du renouveau extractif en France〉, Les Amis de la Terre France, décembre 2016.

7 出處同上。

8 在法國，還有三千五百座舊礦場，仍然受到重金屬汙染。見〈Mines: l'héritage empoisonné〉, *France Culture*, 5 mai 2017.

9 〈When a River Runs Orange〉, *The New York Times*, 20 août 2015.

10 出處同上。

11 〈Mining report finds 60,000 abandoned sites, lack of rehabilitation and unreliable data〉, ABC, 16 February 2017

12 〈Science Report – Abandoned Mines and the Water Environment〉, Environment Agency, August 2008.

13 〈La ruée sur les métaux〉, *Le Monde*, 13 septembre 2016.

14 地球之友不鼓勵礦業復興，而是鼓勵回收稀有金屬。這個提案儘管誘人，但我們認為，由於可再生能源的成長快速，回收稀有金屬的數量不足以支應，勢必要在環保意識薄弱的國家開闢更多礦場。

15 〈Emmanuel Macron préside l'installation du groupe de travail chargé de définir la "mine responsable"du xxie siècle〉, communiqué de presse, ministère de l'Economie, de l'Industrie et du Numérique, 1er avril 2015.

16 〈US GAO warns it may take 15 years to rebuild U.S. rare earths supply chain〉, MineWeb, 15 avril 2010.

17 〈Nos déchets nucléaires sont cachés en Sibérie〉, *Libération*, 12 octobre 2009.

18 在馬克宏總統的邀請下，兩位國王於2019年7月，再度造訪巴黎。〈Contrat de convergence de Wallis et Futuna: déplacement royal à Paris〉, France Info, 6 juillet 2019.

19 但是，富圖那群島的兩位國王，似乎收到較烏韋阿國王低的金額。

20 西穆內克（Pierre Simunek）的訪談，2016年。

21 出處同上。

22 Jean-Marie Guehenno, 《*Livre blanc sur la défense et la sécurité nationale 2013*》, La Documentation française, 2013.

23 西穆內克（Pierre Simunek）的訪談，2016年。

24 〈Japan breaks China's stranglehold on rare metals with sea-mud bonanza?〉, *The Telegraph*, 24 mars 2013.

25 〈Seafloor Miners Poised to Cut into an Invisible Frontier?〉, *Scientific American*, 11 aout 2016.

26 現為海洋地質科學顧問Pierre Cochonat的訪談，2013年。

27 〈Countries with the Largest Exclusive Economic Zones〉, World Atlas, 29 June 2018.

28 〈La Commission des limites du plateau continental se réunit au siège de l'ONU du 11 juillet au 26 août 2016〉, communiqué de base, Organisation des Nations Unies (ONU), 11 juillet 2016.

29 Max Monch的紀錄片中曾引述 Alexander Lahl,〈Ocean's Monopoly〉, Germany, 2015.

30 出處同上。法國諾曼第大區的西部田野,被高大的樹籬分割成一小塊一小塊的,這是當地的一個特徵。

31 H.R.2262 – US Commercial Space Launch Competitiveness Act, 114th Congress (2015-2016).

32 例如:SpaceX的老闆馬斯克(Elon Musk)、Blue Origin的創辦人貝佐斯(Jeff Bezos)、One Web的主席韋勒(Greg Wyler)。

33 Enjoy Space網站主編Olivier Sanguy與Espace & Exploration期刊主編Marie-Ange Sanguy的訪談,2016年。

34 參閱太空人佩斯凱(Thomas Pesquet)令人激昂的文章〈Mines dans l'espace, la nouvelle frontière〉, *Les Échos*, 8 octobre 2017.

35 〈United States and Luxembourg sign memorandum on space cooperation〉, www.spaceresources.lu, 10 mai 2019.

結語　良心革命

1 見Michio Kaku,《*Une brève histoire du futur. Comment la science va changer le monde*》, Flammarion, 2011.

2 〈Photovoltaïque: les promesses des pérovskites〉, *Le Monde*, 15 juin 2017.

3 主要見Pierre-Noël Giraud et Timothée Ollivier,《*Économie des matières premières*》, La Découverte, coll.〈Repères〉, 2015.

4 見Philippe Bihouix,《*L'Âge des low tech. Vers une civilisation techniquement soutenable*》, Seuil, 2014.

5 金屬回收公司Terra Nova Developpement共同創辦人湯瑪士的訪談,2017年。

附錄 13　歐盟執委會的關鍵原物料清單

1　歐盟對進口的仰賴程度無法計算鈹的部分，因為在歐盟沒有任何鈹的礦物或濃縮物的生產與交易。

2　鎵是一種副產品；可得的最佳資料為生產能力，而非生產量。

3　鉭受到〈衝突區域礦產法規〉的規範。歐盟於2017年5月19日官方公報上，發布 Regulation (EU) 2017/821，即歐盟版的〈衝突區域礦產法規〉，旨在限制武裝團體與安全部隊進行錫、鉭、鎢、及其礦物，以及金的貿易之可能性。

4　鎢亦受到〈衝突區域礦產法規〉的規範。

延伸閱讀

書籍

Bardi Ugo, 《*Le Grand Pillage: comment nous épuisons les ressources de la planéte*》, Les Petits Matins, 2015.

Barré Bertrand, Bailly Anne, 《*Atlas des énergies mondiales: quels choix pour demain?*》, Autrement, 3e édition, 2015.

Beffa Jean-Louis, 《*Les Clés de la puissance*》, Seuil, 2015.

Bergère Marie-Claire, 《*Chine: le nouveau capitalisme d'État*》, Fayard, 2013.

Bihouix Philippe et Guillebon Benoît (de), 《*Quel futur pour les métaux? Raréfaction des métaux: un nouveau défi pour la société*》, EDP Sciences, 2010.

Bihouix Philippe, 《*L'Âge des low tech. Vers une civilisation techniquement soutenable*》, Seuil, 2014.

Bilimoff Michèle, 《*Histoire des plantes qui ont changé le monde*》, Albin Michel, 2011.

Carton Malo et Jazaerli Samy, 《*Et la Chine s'est éveillée. La montée en gamme de l'industrie chinoise*》, Presses de l'École des mines, 2015.

Chaline Éric, 《*50 minéraux qui ont changé le cours de l'histoire*》, Le Courrier du Livre, 2013.

Chalmin Philippe (dir.), 《*Des ressources et des hommes*》, Nouvelles Éditions François Bourin, 2016.

Chancel Claude et Liu Le Grix Libin, 《*Le Grand Livre de la Chine*》, Eyrolles, 2013.

Cohen Élie, 《*Le Colbertisme hightech. Économie des télécoms et du grand projet*》, Hachette Livre, coll. 〈Pluriel〉, 1992.

Debeir Jean-Claude, Deléage Jean-Paul et Hémery Daniel, 《*Une histoire de l'énergie*》, Flammarion, 2013.

Deneault Alain et Sacher William, 《*Paradis sous terre: comment le Canada est devenu la plaque tournante de l'industrie minière mondiale*》, Rue de l'Échiquier, 2012.

Dufour Jean-François, 《*Made by China. Les secrets d'une conquête industrielle*》, Dunod, 2012.

Flipo Fabrice, Dobré Michelle et Michot Marion, 《*La Face cachée du numérique. L'impact environnemental des nouvelles technologies*》, L'Échappée, 2013.

Gaigneron de Marolles Alain (de), 《*L'Ultimatum. Fin d'un monde ou fin du monde?*》, Plon, 1984.

Giraud Pierre-Noël et Ollivier Timothée, 《*Économie des matières premières*》, La Découverte, coll. 〈Repères〉, 2015.

Guillebaud Jean-Claude, 《*Le Commencement d'un monde. Vers une modernite métisse*》, Seuil, 2008.

Harari Yuval Noah, 《*Sapiens – Une brève histoire de l'humanité*》, Albin Michel, 2015. 中文版《人類大歷史：從野獸到扮演上帝》，天下文化 2014年出版。

Izraelewicz Erik, 《*L'Arrogance chinoise*》, Grasset, 2011.

Juvin Hervé, 《*Le mur de l'Ouest n'est pas tombé*》, Pierre-Guillaume de Roux, 2015.

Kaku Michio, 《*Une brève histoire du futur. Comment la science va changer le monde*》, Flammarion, 2011.

Kempf Hervé, 《*Fin de l'Occident, naissance du monde*》, Seuil, 2013.

Laws Bill, 《*50 plantes qui ont changé le cours de l'histoire*》, Éditions Ouest-France, 2011.

Le Moigne Rémy, 《*L'Economie circulaire: comment la mettre en oeuvre dans l'entreprise grâce à la reverse supply chain?*》, Dunod, 2014.

Lenglet François, 《*La Fin de la mondialisation*》, Fayard, coll. 〈Pluriel〉, 2014.

Lenglet François, 《*La Guerre des empires*》, Fayard, 2010.

Meadows Donella H., Meadows Dennis L., Randers Jorgen, Behrens III William W., 《*The Limits to Growth: A Report for the Club of Rome's Project on the Predicament of Mankind*》, Universe Books, 1972.

Mousseau Normand, 《*Le Défi des ressources minières*》, Multi-Mondes Éditions, 2012.

Rabhi Pierre, 《*Vers la sobriété heureuse*》, Actes Sud, 2010.

Rifkin Jeremy, 《*The Third Industrial Revolution: How Lateral Power Is Transforming Energy, the Economy, and the World*》, Palgrave Macmillan, 2011. En français: 《*La Troisième Révolution industrielle*》, Les Liens qui Libèrent, 2012.

Rifkin Jeremy, 《*The Zero Marginal Cost Society: The Internet of Things, the Collaborative Commons, and the Eclipse of Capitalism*》, Palgrave Macmillan, 2014. En français: 《*La Nouvelle Société du coût marginal zéro: l'Internet des objets, l'émergence des communaux collaboratifs et l'éclipse du capitalisme*》, Les Liens qui Libèrent, 2014.

Roger Alain et Guéry François (dir.), 《*Maîtres et protecteurs de la nature*》, Champ Vallon, 1991.

Schmidt Eric et Cohen Jared, 《*The New Digital Age: Reshaping the Future of People, Nations and Business*》, Knopf, Random House Inc., 2013. En français: 《*À nous d'écrire l'avenir: comment les nouvelles technologies bouleversent le monde*》, Denoël, 2014.

Tingyang Zhao,《*The Tianxia System: An Introduction to the Philosophy of World Institution*》, Nanjing, Jiangsu Jiaoyu Chubanshe, 2005.

Valéry Paul,《*Regards sur le monde actuel*》, Librairie Stock, Delamain et Boutelleau, 1931.

Winchester Simon,《*The Map that Changed the World: William Smith and the Birth of Modern Geology*》, HarperCollins, 2001.

期刊

〈Matières premières: un défi pour la croissance〉, *Problèmes économiques*, n' 3019, 11 mai 2011.

Mérenne-Schoumaker Bernadette, 〈Énergies et minerais – Des ressources sous tension〉, La Documentation française, *Les Dossiers*, n' 8098, mars-avril 2014.

〈Ressources minérales et développement durable〉, *Géosciences*, n' 1, janvier 2005.

十份關鍵報告

Communication de la Commission au Parlement européen, au Conseil, au Comité économique et social europeen et au Comité des régions relative à la liste 2017 des matières premières critiques pour l'UE, 13 septembre 2017.

〈Les dessous du recyclage: dix ans de suivi de la filière des déchets électriques et électroniques en France〉, rapport Les Amis de la Terre France, décembre 2016.

〈Les enjeux stratégiques des terres rares et des matières premières stratégiques et critiques〉, rapport de Patrick Hetzel, député, et de Delphine Bataille, sénatrice, fait au nom de l'Office parlementaire d'évaluation des choix scientifiques et technologiques (OPECST), n' 617, t. II, 2015-2016, 19 mai 2016.

Grasso Valerie Bailey, 〈Rare Earth Elements in National Defense: Background, Oversight Issues, and Options for Congress〉, Congressional Research Service, 23 décembre 2013.

Korinek J. et Kim J., 〈Export Restrictions on Strategic Raw Materials and their Impact on Trade〉, OECD Trade Policy Papers, n' 95, OECD Publishing, 2010.

Marscheider-Weidemann Frank, Langkau Sabine, Hummen Torsten, Erdmann Lorenz, Espinoza Luis Tercero, 〈Raw Materials for Emerging Technologies 2016〉, German Mineral Resources Agency (DERA) at the Federal Institute for Geosciences and Natural Resources (BGR), mars 2016.

McGregor James, Senior Counselor APCO, 〈China's Drive for "Indigenous Innovation". A Web of Industrial Policies 〈(Chambre de commerce americaine), 2010.

〈Recycling Rates of Metals: A Status Report〉, United Nations Environment Programme (UNEP), 2011.

〈Ressources minérales et énergie: rapport du groupe Sol et sous-sol de l'Alliance Ancre〉, Alliance nationale de coordination de la recherche scientifique (ANCRE), juin 2015.

〈UNESCO Science Report: towards 2030〉, 2015.

十二份關鍵文件

〈La bataille des terres rares〉, *Afrique Méditerranée Business*, 18 février 2014.

〈Le CAC 40 accro aux "terres rares"〉, *L'Expansion*, 12 novembre 2012.

Chellaney Brahma, 〈"La montée du capitalisme autoritaire", principal défi pour les démocraties〉, *Le Monde*, 9 juillet 2016.

〈L'Europe ne peut plus être à ce point désinvolte sur la mondialisation〉, *Le Monde*, 26 octobre 2016.

〈Exclusive: U.S. waived laws to keep F-35 on track with China-made parts〉, Reuters, 3 janvier 2014.

〈La guerre des terres rares〉, *L'Actualité chimique*, décembre 2012, n' 369.

〈Matières premières: le grand retour des stratégies publiques〉, *Paris Tech Review*, 4 mai 2012.

〈Métaux: les besoins colossaux de la transition énergétique ?, *Les Échos*, 20 juillet 2017.

〈Paris climat 2015: ma COP 21 à moi est métallique!〉, *Le Cercle – Les Échos*, 6 octobre 2015.

Petersen John, 〈How Large Lithium-ion Batteries Slash EV Benefits〉, 2016.

〈Quand le monde manquera de métaux〉, *Basta Mag*, 26 septembre 2012.

Vidal Olivier, Goffe Bruno et Arndt Nicholas, 〈Metals for a low-carbon society〉, *Nature Geoscience*, vol. 6, novembre 2013.

紀錄片

C'est pas sorcier, 〈Magnétisme〉, 2013.

Mönch Max et Lahl Alexander, *À qui appartiennent les océans*, Allemagne, 2015.

Pitron Guillaume et Serge Turquier, *La Sale Guerre des terres rares*, 2012.

Pitron Guillaume, *Terres rares, le trésor caché du Japon*, Mano a Mano, 2012.

Secrets of the Super Elements, présenté par Mark Miodownik, BBC, 2017.

Tison Coline et Lichtenstein Laurent, *Internet: la pollution cachée*, Camicas Productions, 2012.

各地區具有參考價值的網站
法國

Mineral Info, le portail français des ressources minérales non énergétiques: http://www.mineralinfo.fr

Bureau de recherches géologiques et minières (BRGM): http://www.brgm.fr

Office parlementaire d'évaluation des choix scientifiques et technologiques (OPECST): http://www2.assemblee-nationale.fr/15/les-delegationscomite-et-office-parlementaire/office-parlementaire-evaluation-des-choix-scientifiques-et-technologiques

OCDE, Guide sur le devoir de diligence pour des chaînes d'approvisionnement responsables en minerais provenant de zones de conflit ou à haut risque: http://www.oecd.org/corporate/mne/mining.htm

Agence de l'énvironnement et de la maîtrise de l'énergie (ADEME): www.ademe.fr

Alliance nationale de coordination de la recherche pour l'énergie (ANCRE): http://www.cnrs.fr/fr/partenariats/alliances/ancre.htm

Blog de Didier Julienne – Contributeur Le Cercle – Les Echos: https://www.lesechos.fr/idees-debats/cercle/auteurs/index.php?id=50168

Les Amis de la Terre: http://www.amisdelaterre.org

Global Links, le laboratoire des industries d'avenir: www.globallinks.fr

Pôle interministériel de prospective et d'anticipation des mutations économiques (PIPAME): https://www.entreprises.gouv.fr/etudes-et-statistiques/qu-est-que-pipame-0

Commission de recherche et d'information indépendantes sur la radioactivité (CRIIRAD): http://www.criirad.org

Cyclope: http://www.cercle-cyclope.com

Laboratoire GéoRessources, Université de Lorraine: https://georessources. univ-lorraine.fr

Institut de recherche stratégique de l'École militaire (IRSEM): www.defense. gouv.fr/irsem

Solvay: www.solvay.fr

Commissariat à l'énergie atomique et aux énergies alternatives (CEA), Centre de Cadarache – Nouvelles Technologies de l'Énergie: http://cadarache.cea. fr/cad/Pages/Activites/techno-énergie.aspx

Institut français de recherche pour l'exploitation de la mer (IFREMER): http:// wwz.ifremer.fr

Agence internationale de l'énergie: https://www.iea.org

歐洲

Commission européenne, Raw Material Unit (Belgique): https://ec.europa.eu/ growth/sectors/raw-materials_fr

Institut Fraunhofer (Allemagne): https://www.fraunhofer.de/en.html

Metal Pages (Grande Bretagne): https://www.metal-pages.com

International Tin Research Institute (Grande Bretagne): https://www.itri.co.uk

Global Trade Alert (Suisse): www.globaltradealert.org

Organisation mondiale du commerce (Suisse): https://www.wto.org

Chatham House, The Royal Institute of International Affairs (Grande Bretagne): https://www.chathamhouse.org

Convention de Bâle (Suisse): www.basel.int

Global Reporting Initiative (Pays Bas): https://www.globalreporting.org

Forum économique mondial (Suisse): https://www.weforum.org

美國

Commission on the Limits of the Continental Shelf (CLCS): http://www.un.org/depts/los/clcs_new/clcs_home.htm

U.S. Geological Survey (USGS): https://www.usgs.gov

Tech Metals Research: http://www.techmetalsresearch.com

InvestorIntel: https://investorintel.com/sectors/technology-metals

Ames Laboratory: https://www.ameslab.gov

US Magnetic Materials Association: www.usmagneticmaterials.com

Banque mondiale: www.banquemondiale.org

U.S. Government Accountability Office (GAO): https://www.gao.gov

Congressional Research Service (CRS) Reports: https://fas.org/sgp/crs

非洲

肯亞　The United Nations Environment Programme: www.unep.org

衣索比亞　African Development Bank (AfDB) Group: https://www.afdb.org

南非　Royal Bafokeng Holdings (RBH): www.bafokengholdings.com

亞洲

日本　New Energy and Industrial Technology Development Organization: www.nedo.go.jp/english

中國稀土學會（CSRE）: https://fr.linkedin.com/company/the-chinese-society-ofrare-earths

印尼　PT Timah TBK: www.timah.com

拉丁美洲

阿根廷　Greenpeace Argentine: www.greenpeace.org/argentina/es

牙買加　Autorité internationale des fonds marins: https://www.isa.org.jm/fr

中東地區

阿布達比　International Renewable Energy Agency: http://www.irena.org

科學文化 193

稀有金屬戰爭
LA GUERRE DES MÉTAUX RARES
La face cachée de la transition énergétique et numérique

原著 —— 皮特龍（Guillaume Pitron）
譯者 —— 蔡宗樺
科學文化叢書策劃群 —— 林和（總策劃）、牟中原、李國偉、周成功

總編輯 —— 吳佩穎
編輯顧問暨責任編輯 —— 林榮崧
封面設計暨美術編輯 —— 江儀玲

出版者 —— 遠見天下文化出版股份有限公司
創辦人 —— 高希均、王力行
遠見・天下文化・事業群 董事長 —— 高希均
事業群發行人／CEO —— 王力行
天下文化社長 —— 林天來
天下文化總經理 —— 林芳燕
國際事務開發部兼版權中心總監 —— 潘欣
法律顧問 —— 理律法律事務所陳長文律師
著作權顧問 —— 魏啟翔律師
社址 —— 台北市 104 松江路 93 巷 1 號 2 樓

讀者服務專線 —— 02-2662-0012 ｜ 傳真 —— 02-2662-0007, 02-2662-0009
電子郵件信箱 —— cwpc@cwgv.com.tw
直接郵撥帳號 —— 1326703-6 號 遠見天下文化出版股份有限公司

排版廠 —— 極翔企業有限公司
製版廠 —— 東豪印刷事業有限公司
印刷廠 —— 中原造像股份有限公司
裝訂廠 —— 中原造像股份有限公司
登記證 —— 局版台業字第 2517 號
總經銷 —— 大和書報圖書股份有限公司 電話／02-8990-2588
出版日期 —— 2020 年 5 月 28 日第一版第 1 次印行
　　　　　　2023 年 4 月 25 日第一版第 3 次印行

國家圖書館出版品預行編目 (CIP) 資料

稀有金屬戰爭 / 皮特龍 (Guillaume Pitron)
著;蔡宗樺譯 . -- 第一版 . -- 臺北市 : 遠見天
下文化, 2020.05
面; 公分 . -- (科學文化 ; 193)
譯 自 : La guerre des métaux rares: la face
cachée de la transition énergétique et
numérique
ISBN 978-986-5535-00-1 (平裝)

1. 能源經濟 2. 稀有金屬 3. 再生能源

554.68 109006362

定價 —— NT420 元
書號 —— BCS193
ISBN —— 978-986-5535-00-1
天下文化官網 —— bookzone.cwgv.com.tw

本書如有缺頁、破損、裝訂錯誤，請寄回本公司調換。
本書僅代表作者言論，不代表本社立場。

天下文化
BELIEVE IN READING